税盾价值与资本结构
——来自中国的证据

王亮亮 著

东南大学出版社
·南京·

图书在版编目(CIP)数据

税盾价值与资本结构:来自中国的证据/王亮亮著.
—南京:东南大学出版社,2020.12
　ISBN 978-7-5641-9257-0

　Ⅰ.①税… Ⅱ.①王… Ⅲ.①税收制度-研究-中国
Ⅳ.①F812.422

中国版本图书馆 CIP 数据核字(2020)第 242591 号

○ 国家自然科学基金面上项目(编号:71972036)
○ 东南大学 985 重点学科经费项目

税盾价值与资本结构——来自中国的证据
Shuidun Jiazhi Yu Ziben Jiegou: Laizi Zhongguo De Zhengju

著　　　者	王亮亮
出版发行	东南大学出版社
地　　　址	南京市四牌楼 2 号　邮编:210096
出 版 人	江建中
网　　　址	http://www.seupress.com
经　　　销	全国各地新华书店
印　　　刷	广东虎彩云印刷有限公司
开　　　本	700 mm × 1000 mm　1/16
印　　　张	11.75
字　　　数	224 千字
版　　　次	2020 年 12 月第 1 版
印　　　次	2020 年 12 月第 1 次印刷
书　　　号	ISBN 978-7-5641-9257-0
定　　　价	48.00 元

本社图书若有印装质量问题,请直接与营销部联系。电话:025-83791830

目 录

序 言 ··· I

第1章 导 论 ·· 1

  1.1 研究现状、动机与意义 ·· 1
    1.1.1 债务税盾与资本结构 ·· 1
    1.1.2 "非债务税盾"与资本结构 ···································· 3
    1.1.3 产权性质、企业所得税与资本结构 ························· 5
  1.2 研究思路与方法 ··· 6
  1.3 研究可能的创新 ··· 8
  1.4 本书结构及内容安排 ··· 10

第2章 文献回顾 ·· 12

  2.1 资本结构基本理论 ·· 13
    2.1.1 MM 理论 ·· 13
    2.1.2 权衡理论 ·· 14
    2.1.3 优序融资理论 ··· 15
    2.1.4 代理成本理论 ··· 16
    2.1.5 其他理论 ·· 17
  2.2 资本结构理论发展：税收视角的理论模型 ······················ 19
    2.2.1 无企业所得税的 MM 模型 ····································· 19
    2.2.2 包含企业所得税的 MM 模型 ·································· 21
    2.2.3 综合考虑企业所得税和个人所得税的模型 ·············· 22

2.2.4 引入"非债务税盾"的模型 ································· 24
2.3 资本结构理论发展：税收视角的经验证据 ······················· 26
　　2.3.1 债务的净税收价值 ·· 26
　　2.3.2 企业所得税税率与资本结构的关系 ························ 28
　　2.3.3 非债务税盾与资本结构的关系 ····························· 30
2.4 产权性质、企业所得税与资本结构 ·······························34
　　2.4.1 产权性质与资本结构 ······································ 35
　　2.4.2 产权性质与企业所得税 ···································· 35

第3章 制度背景 ·· 37
3.1 "两税合一"与企业所得税税制变化 ······························ 37
　　3.1.1 企业所得税税制中的"两税并存" ························· 37
　　3.1.2 "两税合一"与企业所得税税率变化 ······················ 44
　　3.1.3 "两税合一"与"与投资有关的税盾"的变化 ············ 51
3.2 计税工资制度变迁 ···53
　　3.2.1 "限额计税工资"制度产生的背景 ························ 53
　　3.2.2 税制改革与"限额计税工资"制度 ······················· 55
3.3 研究开发支出税收优惠政策 ······································ 58
　　3.3.1 研究开发支出税收优惠的必要性 ·························· 58
　　3.3.2 研究开发支出税收优惠政策 ······························· 60

第4章 税率变化、债务税盾与资本结构 ····················· 62
4.1 理论分析与研究假设 ··· 63
　　4.1.1 债务税盾与资本结构关系：基于企业所得税改革的分析 ··· 63
　　4.1.2 债务税盾与资本结构关系：基于税收耗损状态的进一步分析
　　　　　·· 67
　　4.1.3 债务税盾与资本结构关系：基于产权性质的进一步分析 ··· 68
4.2 研究设计 ··· 70
　　4.2.1 样本选择 ··· 70
　　4.2.2 模型与变量 ··· 72
4.3 实证结果与解释 ·· 78

4.3.1 描述性统计 …… 78
4.3.2 企业所得税税率变化与资本结构调整关系检验 …… 79
4.3.3 企业所得税税率变化与资本结构调整：基于"税收耗损状态"的进一步检验 …… 84
4.3.4 企业所得税税率变化与资本结构调整：基于产权性质的进一步检验 …… 86

4.4 稳健性检验 …… 90

4.5 小 结 …… 91

第5章 计税工资制、非债务税盾与资本结构 …… 94

5.1 理论分析与研究假设 …… 95
5.1.1 工资税盾与资本结构关系：基于计税工资制的分析 …… 95
5.1.2 计税工资扣除限额标准变化与资本结构调整关系分析 …… 96

5.2 研究设计 …… 98
5.2.1 样本选择 …… 98
5.2.2 模型设计 …… 99

5.3 实证结果与解释：工资税盾与资本结构关系 …… 101
5.3.1 描述性统计 …… 101
5.3.2 工资税盾与实际税率关系检验 …… 103
5.3.3 工资税盾与资本结构关系检验 …… 106
5.3.4 工资税盾与资本结构关系：基于税收耗损状态的进一步检验 …… 108
5.3.5 工资税盾与资本结构关系：基于产权性质的进一步检验 …… 110

5.4 实证结果与解释：计税工资扣除限额标准变化与资本结构调整 …… 114
5.4.1 描述性统计 …… 114
5.4.2 计税工资扣除限额标准变化与资本结构调整关系检验 …… 115
5.4.3 计税工资扣除限额标准变化与资本结构调整：基于税收耗损状态的进一步检验 …… 119
5.4.4 计税工资扣除限额标准变化与资本结构调整：基于产权性质的进一步检验 …… 121

5.5　稳健性检验 …………………………………………………… 126
　　5.5.1　工资税盾与资本结构关系稳健性检验 …………………… 126
　　5.5.2　计税工资扣除限额标准变化与资本结构调整稳健性检验 … 129
5.6　小　结 ……………………………………………………… 131

第6章　研究开发支出、非债务税盾与资本结构 …………… 133

6.1　理论分析与研究假设 ………………………………………… 135
　　6.1.1　研发支出与资本结构的关系：税盾视角的分析 …………… 135
　　6.1.2　研发支出与资本结构的关系：基于税收耗损状态的进一步分析
　　　　　 …………………………………………………………… 137
　　6.1.3　研发支出与资本结构的关系：基于产权性质的进一步分析 … 137
6.2　研究方法与样本 ……………………………………………… 138
　　6.2.1　模型设计 ………………………………………………… 138
　　6.2.2　样本选择 ………………………………………………… 139
　　6.2.3　样本描述 ………………………………………………… 141
6.3　实证结果与解释 ……………………………………………… 143
　　6.3.1　研究开发支出与实际税率 ………………………………… 143
　　6.3.2　研究开发支出与资本结构关系检验 ………………………… 145
　　6.3.3　研究开发支出与资本结构关系：基于税收耗损状态的进一步检验 ……………………………………………………………… 149
　　6.3.4　研究开发支出与资本结构关系：基于产权性质的进一步检验
　　　　　 …………………………………………………………… 152
6.4　稳健性检验 …………………………………………………… 155
6.5　小　结 ……………………………………………………… 157

第7章　研究结论及未来研究方向 …………………………… 159

7.1　研究结论及启示 ……………………………………………… 159
　　7.1.1　主要研究结论 …………………………………………… 159
　　7.1.2　几点启示 ………………………………………………… 161
7.2　研究局限性及未来研究方向 …………………………………… 162

参考文献 ………………………………………………………… 164

序 言

资本结构,作为一项反映企业投融资状况、财务风险程度以及经营状况的重要财务指标,与企业生命周期各阶段的决策都息息相关,它可以通过影响投资者对企业经营状况的判断以及投资决策来影响企业价值,对企业的发展具有不言而喻的作用。美国学者 Modigliani 和 Miller 在 1958 年提出了理想条件下的资本结构无关论(MM 理论),该理论奠定了现代理财学大厦的基石。经过半个多世纪的发展,国内外学者不断放宽 MM 理论的假设条件的限制,形成了诸如"权衡理论""代理成本理论""优序融资理论"等文献脉络,也为解答资本结构的诸多谜题提供了经验证据。尽管有关资本结构的文献成果已经十分浩瀚,但仍有许多关于资本结构的谜题未被完全揭示,资本结构的"黑匣子"仍需要学者们继续去探索。

企业所得税与资本结构关系的研究中,学术界首先需要回答的经验问题是企业所得税(或称"公司税")税率与资本结构之间的关系,限于"真实"税率较难测度以及其他干扰因素的影响,对二者间关系的研究至今没有得到统一的结论,亟待学者们从更加有效的场景展开研究。在验证上述问题,即债务具有税盾价值的基础上,学术界需要解决的另一个谜题是现实世界中的公司为什么并非如 MM 理论所推论的那样 100% 负债经营。已有文献从破产成本、代理成本等角度对此问题进行了研究,DeAngelo 和 Masulis(1980)从税收视角也提出了"非债务税盾"与"债务税盾"的"替代效应"假说,也在一定程度上解释了该问题。在后续的经验研究方面,"替代效应"假说得到了进一步验证,尤其是在 MacKie-Mason(1990)提出"税收耗损状态"后,研究结论更是趋于统一。但是,该领域考察的"非债务税盾"还主要集中在"与投资有关的税盾"方面,亟待学者们拓展"非债务税盾"的研究范畴,以降低"非债务税盾"

的测量误差,提高资本结构模型的解释力。

中国正处于经济转型时期,伴随过去四十年的改革开放,中国综合国力得到显著的提高,加之中国特有的税收制度及其变迁,也为资本结构理论的研究提供了独一无二的契机。本书则基于企业所得税的视角,从债务税盾、非债务税盾两个角度来探究它们与资本结构的关系。其中债务税盾部分,基于企业所得税税法改革,检验税率提高企业和税率降低企业两类企业在资本结构变化上存在的差异;在非债务税盾部分,分别从职工薪酬提供的工资税盾、研发支出形成的税盾两个方面来检验它们与资本结构的关系。

具体而言,本书所阐述的内容主要包括以下五个方面:

第一,本书先回顾了资本结构领域不同方向的几种主要理论,主要包括MM理论、权衡理论、优序融资理论、代理成本理论等,在此基础上着重回顾了税收视角下资本结构理论的发展,从理论模型演变、经验证据两个角度回顾了该领域重要的、阶段性的研究成果,在梳理相关文献的同时阐明可能的研究方向和空间。此外,第2章还对产权性质与资本结构、产权性质与企业税收之间的关系研究的文献做了梳理和回顾,并在此基础上指出已有文献的不足与空白之处。

第二,基于后续研究问题的需要,首先回顾了中国企业所得税税制的历史演进与发展,着重介绍了2008年新《企业所得税法》中涉及的税率、"与投资有关的税盾"等的制度规定。其次,介绍了中国特有的"计税工资制"产生的历史原因——中国"计税工资制"产生的历史原因主要来自两个方面:一方面是在于抑制国营企业过多发放工资、"内部人控制"现象共同作用形成的"工资侵蚀利润"现象,另一方面是通过限制企业税前可以抵扣的工资薪金额度来抑制企业通过工资薪金来避税的行为。再次,介绍了计税工资制度的几次主要的变化历程,包括1994—1995年、1996—1999年、2000—2006年、2006—2007年、2008年至今这五个阶段的扣税标准的变化。最后先从技术创新与经济增长、研究开发支出的特性两个方面阐述了研发支出税收优惠的必要性,继而介绍了中国对于研发支出方面的企业所得税的激励措施。

第三,通过理论分析和模型构建,从新《企业所得税法》涉及的税率变化视角,分析和检验税率变化与资本结构调整之间的关系,以期检验经典理论的假设预期。在此基础上,第4章还进一步检验了税收耗损状态、产权性质等对企业所得税税率变化与资本结构调整之间关系的调节作用,验证"税收耗损状态"及本土化制度背景下企业所得税与资本结构关系的适用性和延伸性。得到以下结论:(1)"与投资有关的税盾"与"债务税盾"之间存在"替代效应";(2)伴随实际税率的上升,企业偏离"税收耗损状态"程度越大,税率变化的影响越显著;(3)非国有企业与国有企业相比,前者在资本结构决策中更多地考虑税收因素,在税收筹划方面也更为激进。

第四,通过理论分析和模型构建,一方面分析计税工资制下企业可以抵扣的工资税盾与资本结构之间的截面关系,在此基础上,检验企业"税收耗损状态"以及产权性质对二者截面关系的影响;另一方面,第5章还检验了计税工资扣除限额标准变化背景下资本结构调整的问题,同样也检验了企业"税收耗损状态"以及产权性质对扣除限额标准变化与资本结构调整之间关系的影响。通过两方面的分析和检验以期验证DeAngelo和Masulis(1980)的"替代效应"假说,同时一并验证"税收耗损状态"及本土化制度背景下"非债务税盾"与资本结构关系的适用性和延伸性。得到以下结论:(1)企业获得的工资税盾与有息债务水平负相关,支持"替代效应"假说;企业越接近"税收耗损状态",工资税盾与有息债务水平的"替代效应"越显著;与国有企业相比,非国有企业获得的工资税盾与有息债务水平之间的负相关关系更为显著。(2)计税工资扣除限额标准提高后,企业降低了债务水平,支持了"替代效应"假说;越接近"税收耗损状态"的企业减少的债务越多;非国有企业较之国有企业对税收更为敏感,在限额标准提高后降低了更多的债务。

第五,通过理论分析和模型构建,从税盾价值视角分析和检验研发支出形式的"非债务税盾"与资本结构之间的关系,并在此基础上,检验"税收耗损状态"、产权性质等对二者间关系的调节作用。通过上述分析,第6章旨在拓展"非债务税盾"的研究范畴,验证DeAngelo和Masulis(1980)的"替代效应"假说,同时与之前两个部分一样,还一并验证了"税收耗损状态"及本土化制度背景下研发支出形式的"非债务税盾"与资本结构关系的适用性和延伸性。得到以下结论:(1)企业研发费用形成的"非债务税盾"是借款利息形成的"债务税盾"的1.9倍左右,可见研发支出形成的"非债务税盾"构成企业重要的税盾形式。(2)研发支出强度与企业的实际税率之间存在显著负相关关系,表明研发支出降低了企业的实际税率,这构成了研发支出与资本结构间"替代效应"的基础。(3)研发支出的增加会降低企业的边际税率,进而影响企业借款的积极性。(4)企业越接近"税收耗损状态",研发支出的增加越有可能降低企业借款的边际税率,进而企业债务水平越低。(5)与国有企业相比,研发支出与有息债务水平之间的"替代效应"在非国有企业中更为显著。

结合上面内容的介绍,本书的主要贡献和可能的创新可以归纳为以下几个方面:

(1)检验了企业所得税税率与资本结构之间的关系,验证了西方资本结构理论在中国的适用性。基于Modigliani和Miller(1963)提出的企业所得税税率与资本结构关系的假设,学者们展开了大量的研究。在实证研究中,一方面,由于企业利息抵税的实际税率与资本结构二者是内生决定的(Titman and Wessels,1988),因而债务的税盾价值往往难以准确衡量和测度,研究结论尚未统一。而本书则利用中国企业所得税改革的契机,研究企业所得税政策的外生性变化对企业资本结构的影响,由于税率提高企业和税率降低企业两类企业的存在不仅使得实证检验刚好能够避开税率测度的问题,另外还能较好地克服其他干扰因素的影响,因而研究结论更为稳健和可靠。同时本书也验证了西方资本结构理论在中国的适用性,该结果不仅对于中国税收与资本结构理论研究有着重要的、基础性的意义,而且也为世界学术文献贡献了来自中国的经验证据。

(2)扩大了"非债务税盾"的研究范畴。针对"资本结构之谜",一些文献从破产成本、代理成本等角度做出了相应的解释。也有一脉文献尝试着从"非债务税盾"的角度来解释,DeAngelo和Masulis(1980)从税收视角提出了"非债务税盾"与"债务税盾"的"替代效应"假说,也在一定程度上解释了该问题。不过目前"非债务税盾"的研究范畴比较狭窄,主要集中于"与投资有关的税盾"方面,国外的学者Graham和Tucker(2006)收集了44家企业的税收法律文件,发现公司通过转移定价、财产保险等经营活动产生了大量"非债务税盾",这些"非债务税盾"与债务水平负相关,该项研究拓展了"非债务税盾"的范畴。Graham等(2004)通过研究雇员股票期权计划的税收收益,发现雇员股票期权会显著降低企业的边际税率,并且雇员股票期权的税收收益与债务水平负相关,Kahle和Shastri(2005)的研究也发现了类似的结论。上述的学者都在扩展"非债务税盾"的研究范畴,然而该方面的文献数量仍然比较匮乏。本书则结合中国的国情,从另外两种生产要素——劳动力与技术投入视角,分别从职工薪酬提供的工资税盾、研发支出形成的税盾两个方面,拓展了"非债务税盾"的研究范围,并分别检验二者与资本结构之间的关系,提高了资本结构模型的解释力,同时也在一定程度上揭示了"负债过低之谜"。

（3）"税收耗损状态"假说的验证。DeAngelo 和 Masulis（1980）从税收视角提出了"非债务税盾"与"债务税盾"间的"替代效应"假说,此后的经验证据并不统一,甚至有学者得到相反的结论,如 Dammon 和 Senbet（1988）发现二者间正相关,存在"收入效应"。MacKie-Mason（1990）提出只有当"非债务税盾"使得企业处于税收耗损状态时才能够实质性地降低边际税率,进而影响债务水平,这被称作"税收耗损状态"假说。本书主要研究两种形式的"非债务税盾"与资本结构之间的关系,并在此基础上,分别验证了"税收耗损状态"对两种形式的"非债务税盾"与资本结构关系的调节作用。同时本书还检验了税收耗损状态对企业所得税税率变化与资本结构调整之间关系的调节作用。本书的检验结果不仅验证了 MacKie-Mason（1990）的"税收耗损状态"假说,还检验了"税收耗损状态"对企业所得税税率变化与资本结构调整之间的关系的影响,发现当企业接近税收耗损状态时,债务的税盾价值受税率变化的影响较小,研究发现了"税收耗损状态"假说新的应用范围。

（4）产权性质对税收与资本结构关系影响的检验。由于影响企业资本结构的因素有很多,目前理论界无法得到每个企业都适用的最优资本结构,在企业与企业之间尚且如此,受到制度因素的制约之后,国外学者 Myers（2003）以及国内学者唐国正和刘力（2006）认为资本结构理论不是放之四海而皆准的理论。针对中国特殊的制度背景,本书对产权性质如何影响资本结构做出了解释,研究结论不仅揭示了产权性质作用于资本结构的路径,还为发展"本土化"的资本结构理论做出了贡献。与此同时该研究发现不仅发展了本土化的资本结构理论,而且还响应了 Desai 和 Dharmapala（2006）等学者呼吁的更多地从代理角度研究税收筹划激进程度的号召。

（5）利益相关者视角的资本结构研究。Titman（1984）最早提出企业利益相关者的专用资产投资可能会影响企业的财务决策。经验证据方面,Bae 等（2011）从雇佣关系角度出发,通过经验证据研究发现,雇员得到更好待遇的企业债务比例较低,表明企业优待雇员的能力和对员工的激励是影响财务决策的重要因素;其他还有 Banerjee 等（2008）所做的研究。囿于起步较晚以及数据获取的难度,利益相关者视角的资本结构实证研究还较少。本书从职工薪酬视角研究工资税盾与资本结构之间的关系,属于利益相关者视角的研究范畴,一定程度上填补了该领域学术文献的空白。

（6）税收视角的研发支出与资本结构关系研究。回顾研发支出和资本结构关系相关的文献可以发现，大部分学者以研发支出作为被解释的因素，主要研究资本结构对研发强度造成的影响，即使有少部分学者以研发支出为起点来研究其对资本结构的影响，仅有的一些文献也主要立足于"资产替代问题""资产专用性"以及"信息不对称"等理论，缺少从其他角度来进行解释的研究，目前还没有发现有学者从非债务税盾的视角来进行解释。本书则从研发支出所形成的非债务税盾出发，研究研发强度和资本结构的关系，发现二者之间存在"替代效应"，即企业研发费用形成的"非债务税盾"与借款利息形成的"债务税盾"之间存在相互替代的效应，同时实证结果表明前者平均是后者的1.9倍左右，可见研发支出形成的"非债务税盾"构成企业重要的税盾形式。此外，通过检验"税收耗损状态"、产权性质导致的税收筹划激进程度等对二者间关系的影响，也从侧面进一步验证了从税收视角对二者间关系进行解释的合理性。

第1章 导 论

1.1 研究现状、动机与意义

美国学者 Modigliani 和 Miller 创建了现代资本结构理论,提出理想条件下的资本结构无关论(Modigliani and Miller, 1958),该理论被称为 MM 理论,奠定了现代理财学大厦的基石,是公司金融领域最为核心的基础理论。经过逾半个世纪的发展,学者们不断放宽 MM 理论的假设条件,形成了大量的理论文献和经验证据。截至目前,资本结构领域相对成熟的理论包括权衡理论(Trade-off Theory)、优序融资理论(Pecking-order Theory)、代理成本理论、控制权市场理论以及产品/要素市场理论"等(Graham and Leary, 2011)。尽管资本结构领域的文献成果已非常浩瀚,但关于资本结构的多个谜题的谜底仍未被完全揭示,可以说,资本结构的"黑匣子"仍然是公司金融领域吸引最多学者关注和讨论的研究议题。

1.1.1 债务税盾与资本结构

回顾资本结构领域的学术成果,可以发现有一脉文献独辟蹊径,沿着税收视角的"羊肠小道"试图攀登资本结构领域的理论高峰。而这批文献最早可以追溯到 Modigliani 和 Miller 的修正资本结构理论:Modigliani 和 Miller(1963)在资本结构无关论的基础上,加入企业所得税(或称"公司税")因素,推导发现由于债务利息具有避税作用,因而企业价值随着债务比例的上升而提高,反过来,企业价值最大化下的债务比例也与企业所得税税率(债务的税盾价值)正相关。后者构成了研究者们首先需要回答的经验问题,即企业所得税税率与资本结构之间的关系[Myers(1984)称之为"资本结构之谜"]。

在实证研究中,一方面,由于企业债务利息抵税后的实际税率与资本结构是内生决定的(Titman and Wessels,1988),因而债务的税盾价值[①]往往难以准确衡量和测度,例如,国内外学者经常使用实际税率水平来衡量债务的税盾价值(Givoly et al.,1992;陈超和饶育蕾,2003;李延喜等,2008),而在实际税率的计算过程中本身就包含了融资决策的影响;另一方面,税收因素在企业经营、财务决策中往往不是要考虑的"首要因素"(First-order Effect)(Shevlin,1987),税率与资本结构关系的研究可能会受到其他因素的干扰,从而容易产生"遗漏变量"的问题。两方面因素使得对企业所得税税率与资本结构之间关系的研究较难开展,研究结论也尚未统一。

本书选取2008年我国实施新的《企业所得税法》作为研究背景,实证检验了外生性税率变化与资本结构之间的关系,与之前西方学者的文献相比,有如下优势和特点:由于企业所得税税收制度的外生性变化能够更好地控制其他干扰因素的影响,因此我国的企业所得税法改革为研究二者间的关系提供了绝佳的"自然试验场"(Natural Experiment Field)。不仅如此,美国学者Givoly等(1992)在研究美国1986年税制改革时,由于所有企业的所得税名义税率都从46%下降到34%,因而他们只能通过企业所得税税制改革前的实际税率来测度税制改革后税率变化的截面差异(存在噪音),进而分析税率变化与资本结构之间的关系。与西方国家的税制改革不同,我国2008年进行的企业所得税税制改革不仅使得部分企业的企业所得税税率提高,同时也使得部分企业的企业所得税税率降低,两类企业之间可以互为"天然的"控制组,刚好可以使用"Difference-in-difference"(双重差分)的方法巧妙地避开"真实"税率测度的问题,能够更好地检验税率变化的"处理效应",即税率与资本结构之间的关系。因此,本书的研究结论更为稳健、可靠,相关研究成果丰富了企业所得税税率与资本结构领域的研究文献,为西方资本结构理论贡献来自中国的经验证据。

---

① 税盾,包括税前可扣除项目和税收抵免项目两部分。"债务税盾"(Debt-related Tax Shields),指的是企业在生产经营活动中发生的利息支出中可以在税前扣除的部分;"债务税盾"以外的税盾统称为"非债务税盾"(Non-debt Tax Shields),其中"与投资有关的税盾"(Investment-related Tax Shields)指的是与资本资产投资相关的税盾,例如,折旧的抵扣以及投资的税收抵免等。税盾价值指由于可以税前抵扣或者抵免企业所得税而产生的价值。

1.1.2 "非债务税盾"与资本结构

根据Modigliani和Miller（1963）的推论，由于债务具有税盾价值，因而企业最优资本结构是100%负债，这与现实世界中的企业的情况显然是不相符的。后续研究中，学者们从破产成本、代理成本等角度进行了解释。例如，Baxter（1967）认为债务会产生破产成本，既包括直接破产成本，也包括间接的破产成本，破产成本会对企业资本结构产生影响；Jensen和Meckling（1976）从代理成本角度也做出了类似的解释。除上述角度外，Miller（1977）基于税收视角将个人所得税因素纳入Modigliani和Miller（1963）的分析框架，他通过理论分析认为由于债务利息在个人所得税上的劣势，均衡状态下，债务的"税盾价值"会因债券利率的提高而被完全抵消掉（下文简称"Miller均衡"）。Graham（2000）对该问题进行了实证研究，通过模拟方法测度企业的边际税率后，他发现即使在考虑个人所得税因素的影响下，债务的税盾价值仍约占企业价值的4.3%，并且债券投资者的税后收益要显著高于股权投资的税后收益。该结果一方面表明"Miller均衡"在现实世界中远未达到；另一方面表明企业仍然存在发行债券的空间，依据Graham（2000）的测算表明，现实世界中典型的公司大概还可以扩大1倍的债务比例，他的研究结果表明现实债务水平要远低于最优资本结构下的债务水平，此结论在后续文献中被称为"负债过低之谜"（Underleverage Puzzle）。事实上，DeAngelo和Masulis早在1980年的文献中就从"非债务税盾"视角对此问题进行了探讨，他们认为"非债务税盾"的存在会增加企业的债务利息无法进行抵扣的概率，进而降低债务所具有的税盾价值，从而减少企业对债务的需求。他们提出的"非债务税盾"与资本结构之间的"替代效应"（Substitution Effect）也构成了税收与资本结构领域的另一个重要研究问题。

在经验证据方面，"非债务税盾"与资本结构的关系的研究成果主要集中在"与投资有关的税盾"形式的"非债务税盾"方面，相关研究结论开始时也并未完全统一。其中，部分学者的研究结论支持了"替代效应"假说（Pilotte and Gable，1990；Givoly et al.，1992；胡跃红和郑震，2005等）。例如，Givoly等（1992）发现债务水平和"与投资有关的税盾"之间存在相互替代关系。而另一部分学者的研究发现了与"替代效应"假说不一致的证据（Boquist and Moore，1984；Miles and Ezzell，1985；刁伍钧等，2009），甚至有学者得到完全相反的结论（Dammon and Senbet, 1988）。直到MacKie-Mason（1990）提出只有当"非债务税盾"使得企业处于税收耗损状态时才能够实质性地降低边际税率，进而影响债务水平，MacKie-Mason（1990）通过经验证据支持了自己的假说。此后，"非债务税盾"与资本结构之间的"替代效应"被广泛验证，但相关领域的研究成果仍旧集中在"与投资有关的税盾"方面。

Graham和Leary（2011）在分析传统资本结构理论解释力的时候，认为传统资本结构理论解释力较低的一个重要原因是变量的测量误差问题，而其中"非债务税盾"的计量问题尤为突出。当然，学者们在DeAngelo和Masulis（1980）以后，也做了一些尝试，例如Graham和Tucker（2006）收集分析了44件涉税处罚案例，发现企业通过转移定价、财产保险等经营活动产生大约相当于由债务利息抵扣形成的"债务税盾"的3倍还要多的"非债务税盾"，而这些"非债务税盾"使得企业的债务水平显著下降，该项研究拓展了"非债务税盾"的研究范畴，同时也指出了考虑其他形式"非债务税盾"的重要性。

在扩展"非债务税盾"范畴的研究中，一个重要领域是关于"雇员股票期权"（Employee Stock Options）的研究：Graham等（2004）基于经验数据研究发现，雇员股票期权计划会显著降低企业的边际税率，并且雇员股票期权产生的税收收益与债务水平负相关；Kahle和Shastri（2005）更为直接地研究雇员股票期权产生的税收收益与企业长短期债务之间的关系，研究结果同样支持"替代效应"假说；做过类似研究的还有Aier和Moore（2008），他们还发现企业接近税收耗损状态的程度会对雇员股票期权与债务水平二者间的替代关系产生影响，支持了MacKie-Mason（1990）的"税收耗损状态"假说。除了雇员股票期权外，Shivdasani和Stefanescu（2010）还研究了企业养老金计划对资本结构的影响，结果表明企业养老金计划形成的"非债务税盾"能够显著降低企业的边际税率，在考虑养老金计划的影响下，企业债务水平就显得没有那么"保守"了。

上述研究试图拓展"非债务税盾"的范畴，以期解释企业"负债过低之谜"，但是相关领域的研究成果还不够丰富。已有研究成果集中在资本投入形成的"非债务税盾"，本书从企业生产要素投入的另外两种形式——劳动、技术角度试图在以下两个方面拓展"非债务税盾"的研究范畴：

其一，从职工薪酬提供的工资税盾角度出发，研究工资税盾与资本结构之间的关系。囿于成本归集、信息披露等问题，公司提供给职工的薪酬可以在当期税前抵扣的额度较难准确衡量,这也是制约该领域研究发展的重要障碍。由于我国上市公司在2008年新税法实施前,工资薪金抵扣时适用"限额扣除政策",这给准确计量工资税盾提供了基础。另外,限额扣除标准的调整也为研究工资税盾变化与资本结构调整提供了"自然试验场"。本书基于此契机,研究工资税盾与资本结构之间的关系,在此基础上,还进一步检验了"税收耗损状态"对二者间关系的影响。

其二,从研发支出提供的"非债务税盾"视角出发,研究研发支出形式的"非债务税盾"与资本结构之间的关系。我国政府在企业科技创新方面一直都给予着大量的补贴和扶持,其中"加计扣除政策"是最具代表性的税收优惠政策。对于本书选取的样本企业而言,"加计扣除"的研发支出构成企业重要的"非债务税盾",平均约占息税前利润的50%,这会实质性地增加企业丧失利息抵税的概率。基于此,本书研究了研发支出形式的"非债务税盾"与资本结构之间的关系,并在此基础上,进一步检验了"税收耗损状态"对二者间关系的影响。

上述两方面的研究拓展了国内外学术文献中"非债务税盾"的研究范畴,响应了Graham和Leary(2011)要求拓展"非债务税盾"研究范围的呼吁。研究成果提供了资本结构影响因素新的经验证据,同时在一定程度上解释了"负债过低之谜"。另外,关于"税收耗损状态"假设的检验也提供了相关领域新的经验证据。

1.1.3 产权性质、企业所得税与资本结构

不同国家的制度安排、金融市场乃至金融体系可能存在根本性的差异,这些因素都使得资本结构的相关理论不能简单地"出口"到别的国家,尤其是发展中国家和处于转型阶段的国家(Myers,2003)。正是由于这些因素的存在,结合国内独特的制度背景探讨和检验税盾与资本结构关系便显得尤为重要。与西方国家不同,中国的上市公司仍有相当一部分为国家控制,并且政府对国有企业[①]具有行政上的"超强控制"和产权上的"超弱控制"(何浚,1998),这就可能引起国有企业与非国有企业在资本结构以及税收筹划等方面存在差异。

---

① 本书国有企业是指国有控股企业,简称国有企业,下文同。

关于产权性质与资本结构关系的研究，目前学术界的研究结果也并未完全统一（方军雄，2007；肖泽忠和邹宏，2008）。其中，方军雄（2007）针对1996—2004年国有工业企业和非国有工业企业负债状况展开研究，发现相较于非国有企业，银行发放给国有企业的贷款更多，并且贷款的期限更长。肖泽忠和邹宏（2008）的研究表明，尽管总体上国有股、法人股和外资股的占比对上市公司总的负债率没有显著影响，但是国有控股企业的长期负债率显著高于非国有企业。而关于产权性质与税收筹划激进程度（Tax Aggressiveness）关系的研究，Derashid 和 Zhang（2003）以马来西亚上市公司作为研究对象，发现上市公司的国有股权比例与实际税负之间没有显著相关性；Adhikari 等（2006）同样以马来西亚上市公司作为样本进行检验，试图研究国有股权与企业税负之间的关系，结果表明上市公司的国有股权比例与企业税负呈显著负相关关系。国内学者郑红霞和韩梅芳（2008）从财务报告成本角度出发，认为由于国有控股企业的财务报告成本更高，因而国有控股上市公司比民营上市公司在税收筹划方面更为保守，他们的实证检验结果也支持了该结论。另外，吴联生（2009）指出，在控制企业享受的税收优惠政策因素的影响的条件下，检验结果表明国有股权比例越高，其实际税率也越高；在非税收优惠企业中，国有股权与实际税率之间的正相关关系更为显著。

通过对上述两方面文献的梳理可以发现，产权性质与资本结构关系的直接研究成果还不多，尤其是在对二者关系的作用路径方面。另外，特殊的制度背景因素对企业所得税与资本结构关系的影响方面的文献尚属空白。基于此，本书分别从债务税盾与资本结构关系、非债务税盾与资本结构关系两方面出发，结合前文提到的三个研究议题，探究产权性质在其中发挥的作用和影响，相关研究成果为发展"本土化"的资本结构理论做出了贡献。

1.2　研究思路与方法

基于企业所得税视角，本书从债务税盾、非债务税盾两个方面探究它们与资本结构之间的关系。具体而言，本书首先基于企业所得税法改革，检验税率提高和降低两类企业在资本结构变化上存在的差异；其次，基于计税工资制下的限额扣除制度,一方面检验工资税盾与资本结构之间的截面关系,另一方面检验工资税盾变化与资本结构调整之间的时间序列关系;最后,基于研发支出形成的"非债务税盾",检验该种形式的"非债务税盾"与资本结构之间的关系。上述三方面内容构成本书的基本研究命题。立足于上述研究命题,本书进一步检验"税收耗损状态"假说对研究命题的影响,通过理论分析提出该假说对税率变化与资本结构调整之间的关系的影响;另外还提出该假说对工资税盾与资本结构的关系、研发支出形式的"非债务税盾"与资本结构的关系的调节作用。除上述分析之外,立足于本土化的制度背景,本书还进一步检验了产权性质是如何影响上述三个基本研究命题的。

本书的基本研究思路可大致归纳为:问题提出、制度分析、文献回顾、理

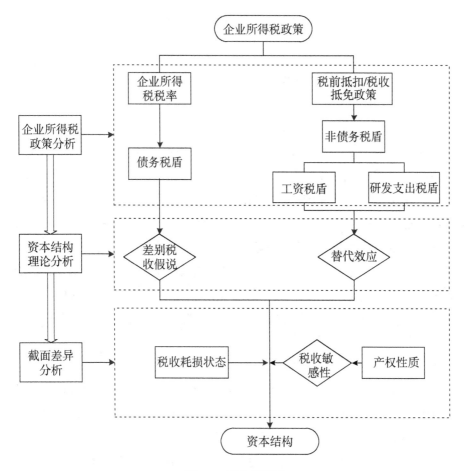

图1-1 研究框架图

论分析、实证检验五个基本环节,图1-1为本研究的逻辑框架图。首先,结合企业所得税与资本结构的理论框架以及中国特殊的制度背景,提出本书需要检验的研究命题的意义和价值;其次,进行制度分析,通过回顾国内企业所得税政策的历史和发展,剖析研究命题内在逻辑产生的制度土壤,并以此为基础阐述本研究场景的独特性;再次,通过理论分析,在对前人的文献进行梳理和归纳的基础上,探究本书的研究命题在文献发展中的地位和价值;最后,在上述步骤的基础上,通过数据收集和整理、假设发展和提出、模型设计和构建、实证检验和解释等对上述研究命题展开研究。

1.3 研究可能的创新

与国内外相关研究文献相比,本书在如下几个方面做出了一点贡献和创新:

1. 企业所得税税率与资本结构关系的检验

基于Modigliani和Miller(1963)提出的企业所得税税率与资本结构关系的假设,学者们展开了大量的研究。囿于"真实"税率测度以及干扰因素的影响等问题,研究结论尚未统一。本书以国内企业所得税改革为契机,研究企业所得税政策的外生性变化对企业资本结构的影响,由于税率提高和降低两类企业的存在不仅使得实证检验刚好能够避开税率测度的问题,还能较好地克服其他干扰因素的影响,因而研究结论更为稳健和可靠。相关研究为西方企业所得税税率与资本结构领域的研究文献贡献来自中国的经验证据,与此同时,研究结果还发现西方资本结构理论中的"差别税收"假说在处于经济转型时期的中国同样适用。

2. "非债务税盾"研发范畴的拓展

根据Graham(2000)的测算表明,现实世界的企业并未充分利用债务的税盾价值,即企业债务存在"负债过低之谜"。DeAngelo和Masulis(1986)从"非债务税盾"视角提出"非债务税盾"降低了债务的吸引力,与债务之间存在替代效应,一定程度上解释了上述谜题。后续学者研究"非债务税盾"时,主要考察"与投资有关的税盾",而忽略了其他形式的"非债务税盾"的重要性

(Graham and Leary, 2011)。本书从职工薪酬提供的工资税盾、研发支出形成的"非债务税盾"视角,研究它们与资本结构之间的关系,支持了"替代效应"假说,研究成果拓展了国内外学术文献中"非债务税盾"的研究范畴,同时在一定程度上解释了"负债过低之谜"。

3. "税收耗损状态"假说的验证

MacKie-Mason(1990)提出,只有当"非债务税盾"使得企业处于税收耗损状态时,才能够实质性地降低边际税率,进而影响债务水平,这被称作"税收耗损状态"假说。本书检验工资税盾与资本结构关系时发现,当企业接近税收耗损状态时,工资税盾与资本结构的替代效应更为显著;另外,本书在检验研发支出形成的"非债务税盾"与资本结构的关系时,同样发现了该结论验证了MacKie-Mason(1990)的"税收耗损状态"假说。除此之外,本书还检验了"税收耗损状态"对企业所得税税率变化与资本结构调整之间的关系的影响,发现当企业接近"税收耗损状态"时,债务的税盾价值受税率变化的影响较小,研究发现了"税收耗损状态"假说新的应用范围。

4. 产权性质对税收与资本结构关系影响的检验

国外学者Myers(2003)和国内学者唐国正和刘力(2006)都认为制度是资本结构的重要决定因素,资本结构理论不是放之四海而皆准的理论。基于我国特有的制度背景,本书考察并发现产权性质(国有、非国有)会影响企业所得税与资本结构的关系。该研究发现不仅发展了本土化的资本结构理论,而且还响应了Desai和Dharmapala(2006)等学者呼吁的更多地从代理角度研究税收筹划激进程度的号召。

5. 利益相关者视角的资本结构研究

Titman(1984)最早提出企业利益相关者的专用资产投资可能会影响公司的财务决策。经验证据方面,Bae等(2011)从雇佣关系角度出发,通过经验证据研究发现雇员得到更好对待的企业债务比例较低,表明企业优待雇员的能力和水平是影响财务决策的重要因素;其他研究还有Banerjee等(2008)。囿于起步较晚以及数据获取的难度较大,利益相关者视角的关于资本结构的实证研究还较少。本书从职工薪酬视角研究工资税盾与资本结构之间的关系,属于利益相关者视角的研究范畴,一定程度上填补了该领域学术文献的空白。

6. 税收视角的研发支出与资本结构关系研究

梳理研发支出与资本结构二者关系的相关研究可以发现,学者们更多地是从研发支出决定因素角度出发,研究资本结构对企业研发强度的影响,即使有学者探讨研发支出对资本结构的影响,也多从委托代理成本、经营风险、盈利能力等角度展开,目前还未发现从税盾价值视角进行的研究。本书从研发支出形成的非债务税盾视角,研究研发支出与资本结构的关系,发现二者间存在替代效应,此外,通过检验税收耗损状态、产权性质导致的税收筹划激进程度等对二者间关系的影响,也从侧面进一步验证了在税收视角下解释二者关系的合理性。

1.4 本书结构及内容安排

第 1 章 导论

在综合回顾已有文献的基础上,本章首先介绍了本书的研究动机,并以此为基础阐明本书的意义与价值。接下来,本章还对研究的思路与主要技术方法、可能的创新点以及本书的结构与内容安排进行了介绍。

第 2 章 文献回顾

本章首先回顾了资本结构领域不同方向的几种主要理论,在此基础上着重回顾了税收视角下资本结构理论的发展,从理论模型演变、经验证据两个角度回顾了该领域重要的、阶段性的研究成果,在梳理相关文献的同时阐明了可能的研究方向和空间。此外,本章还对产权性质与资本结构之间的关系、产权性质与企业税收之间的关系两方面的文献做了梳理和回顾,并在此基础上指出已有文献的不足与空白之处。

第 3 章 制度背景

本章立足于后续章节的研究问题,首先回顾了我国企业所得税税制的历史演进与发展,着重介绍了2008年新《企业所得税法》中涉及税率、"与投资有关的税盾"等的制度规定;其次介绍了我国特有的"计税工资制"产生的历史原因,并介绍了计税工资制度的几次主要的变化历程;最后还介绍了我国关于研发支出相关的企业所得税的激励措施,并阐明了税收优惠政策的国际、时代背景和必要性。

第4章 税率变化、债务税盾与资本结构

本章通过理论分析和模型构建,从新《企业所得税法》中涉及的税率变化视角,分析和检验了税率变化与资本结构调整之间的关系,以期检验经典理论的假设预期。在此基础上,本章还进一步检验了税收耗损状态、产权性质等对企业所得税税率变化与资本结构调整之间关系的调节作用,验证税收耗损状态下、本土化制度背景下企业所得税与资本结构关系的适用性和延伸性。

第5章 计税工资制、非债务税盾与资本结构

本章通过理论分析和模型构建,一方面分析计税工资制下企业可以抵扣的工资税盾与资本结构之间的截面关系,在此基础上,检验企业税收耗损状态和产权性质对上述二者截面关系的影响;另一方面,本章还检验了计税工资限额扣除标准变化背景下资本结构调整的问题,同样也检验了企业在税收耗损状态下和产权性质对扣除标准变化与资本结构调整之间关系的影响。通过两方面的分析和检验以期验证DeAngelo和Masulis(1980)的"替代效应"假说,同时一并验证税收耗损状态下和本土化制度背景下"非债务税盾"与资本结构关系的适用性和延伸性。

第6章 研究开发支出、非债务税盾与资本结构

本章通过理论分析和模型构建,从税盾价值视角分析和检验了研究开发支出(简称"研发支出")形式的非债务税盾与资本结构之间的关系,并在此基础上,检验税收耗损状态、产权性质等对二者间关系的调节作用。通过上述分析,本章旨在拓展非债务税盾的研究范畴,验证DeAngelo和Masulis(1980)的"替代效应"假说,同时与之前两个章节一样,一并验证税收耗损状态下及本土化制度背景下研发支出形式的"非债务税盾"与资本结构关系的适用性和延伸性。

第7章 研究结论与未来研究方向

本章总结全书的主要研究结论,在指出研究存在局限的基础上提出未来可能的研究方向。

第2章 文献回顾

Modigliani 和 Miller（1958）发表了资本结构理论方面最为重要的论文《资本成本、公司融资和投资理论》，创建了现代资本结构理论，也为现代企业理论的研究与发展作出了卓著的贡献。在此之前，资本结构理论包括一些不同的观点，如净收益理论、净营业收入理论以及介于二者之间的折中理论（Durand，1952）[①]。Modigliani 和 Miller（1958）理论（下文简称"MM 理论"）的推导有严格的假设条件，包括无税收、无破产成本、完全有效的资本市场等条件，而这些假设条件使得研究结论与现实脱离。在后续的资本结构理论发展中，学者们不断放宽 MM 理论的假设条件，逐渐发展出一系列成熟的理论：权衡理论、优序融资理论、代理成本理论、控制权市场理论以及产品/要素市场理论等（Graham and Leary，2011）。

在资本结构理论中，有一脉文献尝试从税收视角研究资本结构的决定因素，该领域的理论研究从无企业所得税的 MM 理论开始，并逐渐发展过渡为包含企业所得税的 MM 理论（Modigliani and Miller，1963）、综合考虑企业所得税和个人所得税的资本结构理论（Miller，1977）以及引入非债务税盾的 DM 理论模型（DeAngelo and Masulis，1980）。应该说，虽然税收视角的资本结构

---

① 净收益理论的核心观点是债权的收益率固定并且有优先求偿权，债权风险通常低于股权风险，因而企业的负债比例越高，资本加权平均的总风险越低，企业的价值就越高；净营业收入理论则认为企业的负债比例越高，则风险越大，股东权益的资本成本也就越高，而资本加权平均成本不变且是一个常数，因而企业负债与企业价值无关；折中观点平衡了上述两种观点，认为股东权益的资本成本随着负债水平的提高而增加，而负债的资本成本则只有当负债达到一定比例后才增加，因此该观点认为债务增加对企业价值的提高是有利的，但必须适度，企业存在一个最优的资本结构。

理论模型经历了不断发展和成熟的过程，但截至目前，相关领域的理论还有待拓展。与理论模型不同，相关理论的经验证据还尚未统一（Givoly et al.，1992），尤其是非债务税盾领域的研究，还亟待拓展研究范围。

在回顾西方学术文献重要发展历程的基础上，本书还从本土化制度背景出发，回顾了产权性质与资本结构、产权性质与税收筹划等方面的学术成果。本章2.1节会对资本结构领域的传统理论做简要述评；2.2节重点回顾税收视角下资本结构理论模型的发展；2.3节则侧重从经验证据角度回顾税收与资本结构领域的研究进展；2.4节回顾产权性质与资本结构、产权性质与企业所得税相关的文献成果。

2.1 资本结构基本理论

2.1.1 MM理论

MM理论的假设条件包括：（1）无税收（企业所得税、个人所得税）；（2）不存在破产成本，企业的息税前利润与资本结构变化无关；（3）企业的内部人与外部投资者之间的信息完全对称；（4）股票和债券市场都没有交易成本和交易限制，投资者可以像企业一样以相同的利率借款。在上述假设条件下，企业的价值与资本结构无关（资本结构无关论）。Titman（2002）对"资本结构无关论"的基本假设进行总结，认为可以归为两大类：一类为现金流不变假说，即公司的总现金流量不受资本结构的影响，假设（1）和假设（2）可以归入此类；另一类为完全市场假说，既包括股权市场，也包括债券市场等，假设（3）和假设（4）可以归入此类。

Modigliani和Miller（1963）放松了Modigliani和Miller（1958）的资本结构无关论的假设条件，在考虑企业所得税的情况下，重新进行理论推导。理论推导发现，由于债务利息可以在税前进行扣除，会给企业带来税收上的好处（即"税盾价值"），因而企业价值与资本结构水平正相关，即企业价值随债务比例的上升而增加。自此，无企业所得税和包含企业所得税的MM理论形成，开创了现代资本结构理论。在后续的理论研究中，学者们不断放宽MM理论的假设条件,逐渐发展出一系列的成熟理论。①

2.1.2 权衡理论

依据 Modigliani 和 Miller(1963)的理论,由于企业价值与资本结构水平正相关,那么企业的最优资本结构应为百分之百的债务。然而,现实情况并非如此,企业的负债比例远低于100%,为了增强理论的适用性、解释理论与现实之间的反差,Baxter(1967)提出了破产成本的解释:由于企业的债务水平上升会提高企业面临财务困境的风险,从而增加企业的破产成本,因而企业的资本结构决策是对债务的税盾价值和破产成本之间进行权衡后的结果(被称作"权衡理论")。Myers(1984)对权衡理论进行总结,认为权衡理论预期企业存在一个最优的资本结构并且企业逐渐调整资本结构以达到最优。依据对资本结构调整期间的不同假设,可以将权衡理论分为"静态权衡理论"(Static Trade-off Theory)和"动态权衡理论"(Dynamic Trade-off Theory):

其一,静态权衡理论。标准的静态权衡理论认为,企业存在最优的资本结构水平,最优资本结构是企业权衡债务融资的收益和财务困境的直接成本、间接成本后的结果。根据静态权衡理论可以推出一系列可供检验的假设。例如,规模较大的企业更为稳定,破产成本更低,因而其债务水平应当更高;企业的成长能力越强,其面临融资约束的可能性越高,相应地,债务比例应当更低,等等。这些可供检验的假设得到了学者们的验证和支持,如 Bradley 等(1984)、Titman 和 Wessels(1988)以及 Rajan 和 Zingales(1995)等。

其二,动态权衡理论。该理论认为企业逐渐向目标资本结构调整,而调整成本、目标资本结构水平都会对调整过程产生影响。依据投资和现金流属于内生变量还是外生变量的不同假设,可以将动态资本结构模型分为两类(潘敏和郭厦,2009):一种是将投资和现金流视作外生变量的动态资本结构模型,Fischer 等(1989)在 Kane 等(1984)的基础上,构建了包含交易成本的连续时间模型,企业每年会依据资产的价值进行"资本重组决策"(Recapitalization Decision),而资本重组决策有交易成本,因而企业向目标资本结构调整的过程是非连续的,最优资本结构不是一个特定数值,而是一个可以上下波动的区

---

① Harris 和 Raviv(1991)全面总结了资本结构理论的后续发展和主要实证结果,时至今日,他们提出的概念体系仍然适用。

间。仅当资本结构触到区间的上限或者下限时,企业才会调整其资本结构。与Fischer等(1989)不同,Hennessy和Whited(2005)构建了一种将投资和现金流视作内生变量的动态资本结构模型,他们的模型中,企业的投资决策、融资决策和分配政策三者均为内生变量。他们认为,除了债务的税收收益和破产成本外,还需要考虑权益的发行成本和权益分配时产生的个人所得税,因而当企业发行债务会增加当期权益分配的比例和对未来发行权益的需求时,债务融资的成本更高。通过模拟数据,他们发现模型能够较好地解释该现象。此后,也有一些学者提出了不同的模型(DeAngelo et al.,2011),动态权衡理论还处在不断发展和完善的过程中。

权衡理论模型假定企业存在目标资本结构(区间)。Graham和Harvey(2001)采取问卷的方式对此问题进行了实地调查,通过对392家企业首席财务官的调查发现:10%的企业具有非常明确的目标资本结构(区间),34%的企业具有相对较明确的目标资本结构(区间),37%的企业目标资本结构(区间)有一定的弹性,另外还有19%的企业没有目标资本结构(区间)。总体而言,目标资本结构在实践中广泛存在,为权衡理论研究提供了重要的现实基础。

2.1.3 优序融资理论

Ross(1977)放松了Modigliani和Miller(1958)的理论中关于内部人与外部投资者不存在信息不对称的假设,认为内部人比外部投资者拥有更多关于企业未来收益和投资的信息,因而企业的融资决策向外界传递着一种关于企业未来情况的信号,通过理论推导,他认为企业的债务比例越高,企业价值越高。在Ross(1977)的基础上,Myers和Majluf(1984)以及Myers(1984)建立了关于股权融资、内源融资以及债务融资三者优先顺序的理论,即在内部人与外部投资者信息不对称的情况下,基于逆向选择理论,企业融资的顺序是"内源融资——债务融资——股权融资",这被称作"优序融资理论"。

在实践中,某些现象与该理论似乎不谋而合,例如当企业宣布增发股票时,资本市场会给予显著的负面反应;企业通过内源融资获得的资本要显著高于通过权益发行获得的资本。Shyam-Sunder和Myers(1999)提供了微观视角下的直接经验证据,他们发现内部融资不足会使得企业通过外部债务融资弥补,该发现符合"优序融资理论"的理论预期,做过类似研究的还有

Helwege 和 Liang（1996）。不过，最近一些学者的经验证据表明，"优序融资理论"对于现状的解释非常有限，如 Frank 和 Goyal（2003）将 Shyam-Sunder 和 Myers（1999）的样本区间扩大到更大的范围，结果发现了与 Shyam-Sunder 和 Myers（1999）不一样的研究结论；Fama 和 French（2005）以及 Leary 和 Roberts（2010）等都发现企业非常偏好权益融资，而这与"优序融资理论"的理论预期并不一致。

我国上市公司的融资现状与"优序融资理论"也不太相符，大部分的研究成果表明，我国上市公司存在显著的股权融资偏好。国内学者陆正飞和叶康涛（2004）首次实证检验了我国上市公司的股权融资偏好，他们认为我国上市公司存在股权融资偏好的主要原因是股权融资成本偏低，经验证据表明公司的股权融资成本与上市公司股权融资的概率显著正相关。肖泽忠和邹宏（2008）认为除了股权融资成本偏低外，中国上市公司发行股票的冲动还受我国股票发行管制（制度因素）、管理层在职消费（第一类代理问题）以及大股东掏空行为（第二类代理问题）的影响。管征和范从来（2006）从信息不对称角度也对我国上市公司的股权融资偏好进行了研究，发现我国上市公司不合理的制度背景，使得信息不对称程度更为严重，而由此产生的"逆向选择"和"道德风险"给上市公司的股权融资偏好找到了充分的理由。

梳理国内外学术文献，可以发现"优序融资理论"在解释资本结构现状时遇到了一系列的问题，尤其是在解释我国资本市场现状时面临着更大的挑战。这在一定程度上要求学者提出更为合理、解释能力更强的资本结构理论，而且也在客观上要求国内学者提出本土化的资本结构理论。

2.1.4 代理成本理论

Jensen 和 Meckling（1976）从契约角度提出了资本结构的代理成本理论。他们考察了两类代理成本：一类是企业股东和管理者之间的代理成本；另一类是股东和债权人之间的代理成本。并以此为基础分析债务比例上升带来的两类代理成本的变化，进而分析债务比例上升带来的成本和收益，并由此提出资本结构决定的理论：

其一，股东和管理层之间的代理成本。Jensen 和 Meckling（1976）认为：一方面，由于管理者往往并非持有企业百分之百的股份，因而其努力工作、放弃休闲时间创造的企业价值并非完全由其获得，管理者只能获得与自身持有股权比例相应的好处；另一方面，当管理者增加"职务消费"（Perk）时，他能够获得全部的效用，而花费的成本只是与其自身持有股权比例相应的成本。这两方面因素都会使得企业管理者在最大化自身效用的情况下，选择偷懒、谋取私利等行为，而这会使得企业的价值下降。管理者完全持股情况下的企业价值与部分持股下价值的差额称作外部股权的代理成本。不过伴随企业债务比例的增加，一方面，假设绝对投资不变的情况下，内部股权比例上升会降低外部股权的比例，从而降低其产生的代理成本；另一方面，会减少企业的自由现金流，从而约束管理者的机会主义行为，正如 Jensen（1986）提出的"自由现金流"（Free Cash Flow）假说，企业自由现金流的增加会增强管理者通过快速扩张等方式进行"王国建设"的冲动，而自由现金流的减少能够降低该动机。这两方面都使得企业债务的比例增加能够降低外部股权的代理成本。

其二，股东与债权人之间的代理成本。股东与债权人对企业风险偏好的差异是导致二者间代理成本产生的原因，由于企业股东承担的是有限责任，因而当企业面临违约风险时，债权人需要承担更大的损失，这就导致股东选择风险更高的投资项目。随着债务比例的上升，企业股东选择高风险项目的可能性就会提高，这种效应被称作"资产替代效应"或"风险转移"（Risk-shifting）问题。当债权人理性预期到股东的这种行为时，就会对借款提出更高的补偿要求，这将使得企业的借款成本上升，Diamond（1989）认为声誉机制能够在一定程度上缓解资产替代效应。除了资产替代效应外，Myers（1977）认为债务比例增加还会导致企业的投资不足问题，会使得企业做出次优的投资选择。这些都是债务的代理成本。

综合股权和债务两类代理成本，随着债务比例的上升，股权的代理成本减小，债务的代理成本增加，而最优的资本结构是权衡两种代理成本后的结果。在资本结构最优点处，股权的边际代理成本刚好等于债务的边际代理成本。

2.1.5 其他理论

资本结构理论还包括20世纪80年代开始兴起的控制权市场理论和产品市场理论，值得注意的是，这两种理论由于经验证据较少、进展缓慢等原因，在资本结构理论中只是处于次要地位，无法与权衡理论、优序融资理论以及代理成本理论等媲美。

控制权市场理论的兴起与20世纪80年代的收购浪潮不无关系，由于大量敌意收购的存在，企业需要进行杠杆化重组以防御敌意收购。Stulz（1988）分析管理者面临外部投资者收购股票意图时做出的决策，发现管理者可以通过提高目标企业的杠杆比例来增加持股比例，从而降低外部股东的持股比例。外部股东持股比例下降使得潜在的敌意收购的难度加大，从而能够起到防御敌意收购的目的，而且同时可以提高收购的溢价。Harris 和 Raviv（1988）则特别关注在职管理者通过改变自己持有的企业股票操纵或影响股权收购的能力。他们假定管理层持股比例越高，越有可能掌握企业的控制权，并且从控制权中获得收益。以此为基础他们发现企业管理层持有股权比例越高，潜在的外部股东的敌意收购的可能性越低，而且企业价值取决于股权收购的结果。上述两篇文章的基本思想比较接近，都是从管理层和外部股东股权结构角度出发，探究资本结构与控制权市场之间的关系。此后，控制权市场理论进展缓慢，在20世纪90年代以后几乎没有重要进展（唐国正和刘力，2006）。

与控制权市场理论类似，产品市场与资本结构关系的研究也主要从20世纪80年代以后开始兴起。与控制权市场理论不同的是，产品市场理论主要从产品市场竞争角度出发，揭示其对资本结构的影响和作用机理。西方产业经济理论的发展表明，企业资本结构是企业基于产品市场竞争、企业战略以及资本市场环境等因素所进行的综合选择（刘志彪等，2003）。唐国正和刘力（2006）在总结和综述产品市场与资本结构关系的相关文献时，将该领域文献划分为有限责任模型、捕食模型以及战略投资模型三种类型：（1）有限责任模型，该类文献的基本思想是股东的有限责任会激励企业实施高风险的战略，如 Brander 和 Lewis（1986）通过建立两阶段寡头垄断模型说明，产品市场存在不确定性的情形下，企业可以通过债务融资获得战略优势，此后 Brander 和 Lewis（1988）、Maksimovic（1988）以及 Lyandres（2006）等都拓展了该领域的研究成果；（2）捕食模型，该类文献探讨了企业产品市场捕食行为与资本结构的交互作用，主要结论是低杠杆的企业更有可能通过降价促销等手段进行价格竞争，如 Dotan 和 Ravid（1985）；（3）战略投资模型，该类理论认为资本结构对投资具有战略影响，如 Kovenock 和 Phillips（1995）研究，发现企业外部融资成本较高的情形下，增加债务意味着企业承诺将不增加投资，因而企业的侵略性下降。他们的研究结论说明企业增加债务可能导致企业产量的下降。与控制权市场理论不同，产品市场理论已非常成熟，但由于实证上的难度，该领域最大的问题是缺乏令人信服的实证证据。

2.2 资本结构理论发展：税收视角的理论模型

资本结构理论相关文献中，有一些文献与其他理论不同，这部分研究主要尝试从税收视角探究最优资本结构的决定因素。该领域的文献最初开始于Modigliani和Miller（1963），这篇论文在Modigliani和Miller（1958）的理论基础上考虑企业所得税因素，通过理论模型推导认为，由于债务具有抵税作用（税盾价值），因而企业的最优资本结构应为100%负债。但是这显然是与现实世界不相符的，那么企业债务比例为什么会低于最优资本结构下的债务水平呢？在后续学者的文献中，Baxter（1967）、Miller（1977）以及DeAngelo和Masulis（1980）等分别从破产成本、个人所得税以及"非债务税盾"替代效应等角度尝试提出解释，试图揭开相关谜题（Underleverage Puzzle，"负债过低之谜"）。这些构成了税收视角下资本结构理论发展的主要过程，而回顾其发展还要从最初的Modigliani和Miller（1958）的"无税"资本结构理论开始。

2.2.1 无企业所得税的MM模型

依据Modigliani和Miller（1958）的研究，假设有两家企业：企业U无负债，市场价值为V_U，权益的市场价值为S_U；企业L的市场价值为V_L，负债的市场价值为B_L（借款利率为r）、权益的市场价值为S_L。两家企业满足如下条件：无企业所得税（即$\tau_c=0$）；不存在破产成本；企业的息税前利润相同，且不受资本结构变化的影响；企业内外部不存在信息不对称；资本市场是完美的，投资者可以像企业一样以相同的利率借款。在这些条件下，无企业所得税的MM模型得出结论：公司价值与资本结构无关。即：

$$V_L = V_U \qquad (2\text{-}1)$$

因此在完美的市场条件下，企业价值取决于未来经营情况与资本成本，而与资本结构无关。另外，企业的加权平均资本成本也与资本结构无关。

图2-1为企业价值与负债比例之间的关系图，观察图形可知负债经营企业的市场价值V_L是一条水平直线，表明伴随企业债务比例的上升，负债经营企业的价值并未发生改变，始终等于无负债经营企业的价值V_U，即负债经营

的企业价值与资本结构无关。

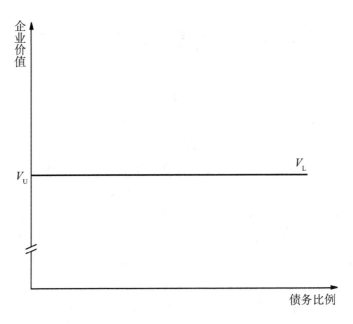

注：图中横轴为企业债务水平，纵轴为企业价值。纵坐标轴上V_U点为无负债企业的价值，V_L为负债经营企业价值曲线。

图 2-1　无企业所得税的模型下企业价值与债务比例关系

又　$V_L=S_L+B_L$，$V_U=S_U$，代入式(2-1)得：

$$S_U=S_L+B_L \tag{2-2}$$

依据该模型，负债企业的权益资本成本K_L与无负债企业权益资本成本K_U关系如下：

$$K_L = K_U + (K_U - r)\frac{B_L}{S_L} \tag{2-3}$$

表明负债企业权益资本成本等于无负债企业权益资本成本加上财务杠杆相关的权益风险溢价，其中杠杆的风险溢价取决于无负债企业权益资本成本与借款成本之间的差额。

2.2.2　包含企业所得税的 MM 模型

Modigliani 和 Miller（1963）在 Modigliani 和 Miller（1958）的基础上，考虑企业所得税对负债经营企业价值的影响。在放松即假设无企业所得税的情形下，负债经营企业的价值 V_L 等于无负债经营企业的价值 V_U 加上负债的"税盾价值"（Value of Tax Shields），即：

$$V_L = V_U + \tau_c B_L \tag{2-4}$$

从式（2-4）可知，负债经营企业的价值与债务（比例）正相关（$\partial V_L / \partial B_L = \tau_c > 0$），企业的负债比例越高，价值越高，企业的最优资本结构应为 100% 负债。而这是由于负债利息可以抵税，利息具有"税盾价值"。另外，企业的加权平均资本成本与负债比例负相关，即企业的加权平均资本成本随企业债务比例的上升而逐渐下降。

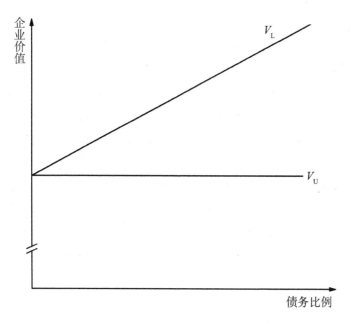

注：图中横轴为企业债务水平，纵轴为企业价值。图中 V_U 为无负债企业的价值线，V_L 为负债经营企业的价值线。

图 2-2　含企业所得税的 MM 模型下企业价值与债务比例关系

如图 2-2 所示，包含企业所得税的 MM 模型中，负债经营企业价值为一条斜率为τ_c(τ_c>0)的直线,表明伴随企业债务比例的增加,由于债务利息可以在税前抵扣,具有"税盾价值",因而负债经营企业债务比例越高,企业价值增加程度越高。

又 $V_L=S_L+B_L$, $V_U=S_U$,代入式(2-4)得:

$$S_U=S_L+(1-\tau_c)B_L \qquad (2\text{-}5)$$

依据该模型,负债经营企业的权益资本成本K_L与无负债经营企业的权益资本成本K_U关系如下:

$$K_L=K_U+(1-\tau_c)(K_U-r)\frac{B_L}{S_L} \qquad (2\text{-}6)$$

式(2-6)表明负债经营企业的权益资本成本等于无负债经营企业的权益资本成本加上财务杠杆相关的权益风险溢价,其中风险溢价取决于两方面因素:(1)无负债经营企业的权益资本成本与借款成本之间的差额,差额越大,风险溢价越高;(2)企业适用的企业所得税税率,税率超高,债务利息的抵税作用越大,相应地,债务的风险溢价越低。

Modigliani和Miller(1963)得到的结论是企业最优资本结构为100%负债,但这显然与现实世界里企业的实际资本结构不符。此后,Baxter(1967)从破产成本角度出发,认为随着债务比例的上升,债务引起的破产风险增加,权衡负债增加引起的税盾价值和破产成本两方面因素后,企业存在债务比例低于100%的最优资本结构,这种理论很好地解释了经济现象,构成了权衡理论的基础。Jensen和Meckling(1976)还从代理成本角度提出了解释,认为伴随债务比例的提高,债权人与股东之间的冲突增多,容易产生"资产替代效应",使得债务融资的成本提高,从而降低债务的吸引力。上述两种解释会使得图2-2中V_L线产生变化,并产生使得负债经营价值最大化的最优资本结构比例B^*(如图2-3所示)。由于这两种解释并非直接从税收视角进行的解释,因而在这一部分不做详细介绍。

2.2.3 综合考虑企业所得税和个人所得税的模型

Miller(1977)在Modigliani和Miller(1963)的基础上加入个人所得税因素,设定个人取得利息、股息所得税率分别为τ_{pb}、τ_{ps},并由此推出考虑个人所得税的情况下负债经营企业的价值和无负债经营企业的价值之间的关系:

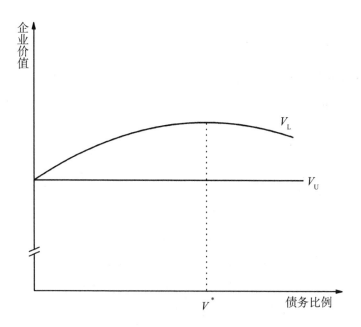

注：图中横轴为企业债务水平，纵轴为企业价值。V_U为无负债企业的价值线，V_L为负债经营企业的价值线。B^*为企业价值最大化下的最优资本结构。

图 2-3　考虑破产成本（代理成本）下企业价值与债务比例关系

$$V_L = V_U + \left[1 - \frac{(1-\tau_c)(1-\tau_{ps})}{1-\tau_{pb}}\right]B_L \qquad (2\text{-}7)$$

其中，$V_U = \dfrac{X(1-\tau_c)(1-\tau_{ps})}{K_U}$，$X$为企业息税前利润。

式（2-7）表明负债经营企业的价值与债务比例的关系取决于企业所得税税率（τ_c）、个人股息所得税税率（τ_{ps}）和个人利息所得税税率（τ_{pb}）三者间的关系：（1）当$(1-\tau_c)(1-\tau_{ps})>1-\tau_{pb}$时，个人利息所得税带来的劣势超过了利息（在企业投资者个人所得税后）的抵税价值，此时负债经营是不利的，企业价值与债务水平负相关；（2）当$(1-\tau_c)(1-\tau_{ps})=1-\tau_{pb}$时，个人利息所得税带来的劣势刚好等于利息（在企业投资者个人所得税后）的抵税价值，在这种情形下，企业价值与负债比例无关；（3）当$(1-\tau_c)(1-\tau_{ps})<1-\tau_{pb}$时，利息税盾价值高于个人利息所得税带来的劣势，此时负债经营是有利的。

又$V_L=S_L+B_L$，$V_U=S_U$，代入式（2-7）得：

$$S_U = S_L + \frac{(1-\tau_c)(1-\tau_{ps})}{1-\tau_{pb}} B_L \qquad (2\text{-}8)$$

依据该模型,负债经营企业的权益资本成本 K_L 与无负债经营企业的权益资本成本 K_U 间的关系如下:

$$K_L = K_U + (1-\tau_c)\left[K_U \frac{1-\tau_{ps}}{1-\tau_{pb}} - r\right]\frac{B_L}{S_L} \qquad (2\text{-}9)$$

式(2-9)表明负债经营企业的权益资本成本等于无负债经营企业的权益资本成本加上财务杠杆相关的权益风险溢价,其中风险溢价取决于三方面因素:(1)个人利息所得税相较于股息所得税的劣势;(2)无负债经营企业的权益资本成本与个人利息税相对劣势的乘积与借款成本之间的差额,差额越大,风险溢价越高;(3)企业适用的企业所得税税率,税率越高,债务利息的抵税作用越大,相应地,债务的风险溢价越低。

2.2.4 引入"非债务税盾"的模型

DeAngelo 和 Masulis(1980)拓展了 Miller(1977)的分析模型,他们认为 Miller 无关理论受到企业税收政策的影响较大,通过理论分析发现"非债务税盾"的存在,如固定资产折旧、投资税收抵免(Investment Tax Credit)等会调整 Miller 无关理论,在他们的模型下,企业仍然会存在最优资本结构。与此前文献不同,DeAngelo 和 Masulis(1980)在考察债务的税盾价值时不再假定企业所得税税率是一个常数,而是认为企业适用税率 τ_c 受到折旧政策、投资税收抵免以及净营运亏损等因素的影响。其中,τ_c 是非债务税盾的减函数,即非债务税盾越多,企业的边际税率越低,负债的税盾价值越低,此时企业举债的税收激励下降,因此他们得到了一个可供实证检验的假设:企业债务水平与非债务税盾负相关。

Myers(1984)对包含企业所得税的 MM 模型、Miller(1977)理论以及 DeAngelo 和 Masulis(1980)的模型做了归纳和总结,具体如图 2-4,图中列示了不同理论下 1 元债务利息的净税收价值。

如图 2-4 所示,Myers(1984)假定所有企业适用不同的有效"边际税率"(Marginal Tax Rate),这与现实也是比较相符的,由于不同企业的折旧摊销、投资税收抵免以及净营运亏损等都存在差异,因而有些企业享有较低的边际

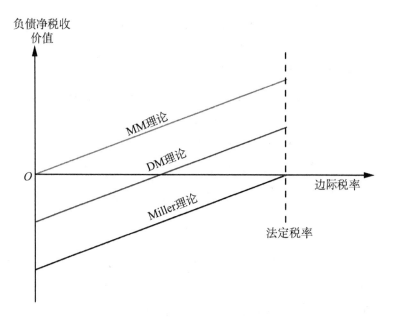

注：该图为企业支付1元利息可获得的净税收价值与边际税率的关系图。图中横轴为企业的有效边际税率，其中虚线所在位置为法定税率；纵坐标轴为企业负债的净税收价值。图中从上到下的直线分别表示MM定理、DM定理(DeAngelo and Masulis, 1980)理论以及Miller理论(Miller, 1977)预期的关系。

图2-4 企业负债的净税收价值

税率[①]。对于有些企业而言，当期有足够的息税前利润可供利息抵扣，那么1元当期借款利息的净税收价值等于法定税率；而对于当期出现亏损或者没有足够的息税前利润可供抵扣的企业而言，1元当期借款利息的净税收价值小于法定税率，甚者可能为0。

Modigliani和Miller(1963)认为企业的边际税率越高，利息的抵税价值越高，企业借债的动机越强，如图2-4中最上面的直线所示。不过Miller(1977)认为，个人因需支付利息所得税会对企业借款要求更高的利率，而这一不利

---

① 以我国的《企业所得税法》为例，当企业出现亏损的情况下，多赚的钱在当期不用缴税，如果企业今后5年内可以弥补当期亏损的话，那么当期多赚的钱实际缴纳所得税的期间为刚好弥补亏损的年数，将缴纳的所得税折现的话，其实际的边际税率小于企业的法定税率。如果5年内都无法弥补当期亏损的话，那么当期多赚的钱不需要缴纳所得税，企业当期的边际税率为0。美国的企业所得税法较我国更为复杂，亏损不仅可以向以后年度结转，还可以向以前年度结转，这种情况下边际税率的差异化更为明显。

因素刚好抵消法定税率下企业借款利息的税盾价值。因此，当企业边际税率等于法定税率时，借款的净税收价值等于0；而当企业的边际税率低于法定税率时，利息的税盾价值无法弥补个人利息所得税支付产生的不利影响，此时借款的净税收价值为负，并且边际税率越小，净税收价值越低，如图2-4中最下面的直线所示。DeAngelo和Masulis（1980）的理论刚好介于Modigliani和Miller（1963）与Miller（1977）的理论之间，如图2-4中中间的直线所示，DM理论认为，企业借款利息在法定税率下的净税收价值不等于0，但要小于法定最高税率。三种理论的共同点是都预期利息的净税收价值与企业的边际税率正相关，不过不同的是当企业边际税率等于法定税率时，借款利息的净税收价值不同。

资本结构理论模型不仅分析了严格假设条件下企业价值、权益价值以及权益资本成本等与资本结构之间的理论关系，而且提供了一些可供实证检验的假设，包括企业所得税税率、个人所得税率、非债务税盾等与资本结构、权益资本成本之间的关系。在后续的学术研究中，世界各国学者从多个角度展开经验研究，为资本结构理论提供了重要的经验证据支持。

2.3 资本结构理论发展：税收视角的经验证据

自Modigliani和Miller（1958）提出资本结构无关论，学术界涌现出大量研究资本结构的文献，目前发展比较成熟的理论主要包括MM理论、权衡理论与优序融资理论。另外有一脉文献从税收视角试图揭示企业资本结构的决定因素，最早从Modigliani和Miller（1963）引入企业所得税的模型开始，此后Miller（1977）、DeAngelo和Masulis（1980）等构建了资本结构新的理论模型，拓展了理论的适用范围，增强了理论与实际之间的联系。在经验证据方面，主要包括企业所得税税率与资本结构的关系、非债务税盾与资本结构的关系两方面的文献。

2.3.1 债务的净税收价值

根据Modigliani和Miller（1963）的包含企业所得税的资本结构理论模

型,企业所得税之所以会影响资本结构,主要是因为债务的利息具有"税盾价值"。不过,Miller(1977)认为由于个人股息、利息所得税的存在,债务的实际价值并没有那么大,均衡状态下甚至可能接近于0。那么债务的净税收价值究竟有多大呢？这一问题显然是经验证据首先需要回答的。不过学者们在计算债务的净税收价值时,面临两方面的问题:一方面,由于税法的复杂性和税收数据的不公开性,学者们在计算企业真实的边际税率时,往往会面临较大的困难;另一方面,在估计个人层面的股息、利息所得税时,也较难准确地进行计算和衡量。两方面因素使得学者们较难准确地衡量企业债务的净税收价值。

关于企业有效边际税率衡量问题,Shevlin(1987)在研究企业设立用于研发的有限合伙子公司的税收激励问题时,既使用"有效税率"(Effective Tax Rate)来计量税收激励[①],也使用模拟未来盈余的方法来计量"边际税率"。正是在 Shevlin(1987)通过模拟方法计算边际税率的基础上,Graham(1996)验证和拓展了通过模拟方法得到的边际税率,他发现尽管这种算法的计算和数据获取较为复杂,但却能更好地衡量企业真实的边际税率。另外,Gordon 和 MacKie-Mason(1990)在研究美国1986年税制改革对企业财务决策的影响时,构建了一种衡量企业权益投资者的个人所得税的方法。在上述两方面文献的基础上,Graham(2000)全面分析和衡量了企业债务的净税收价值,他的研究成果表明,企业债务的税盾价值平均约占企业市场价值的9.7%,即使扣除个人所得税的影响,仍然约占企业市场价值的4.3%。另外,他的研究还表明,企业在利用债务的净税收价值方面仍然还有较大的空间,还可以通过增加债务使得税收收益扩大一倍左右。总之,与 Miller(1977)认为的均衡状态不同,Graham(2000)的研究表明,即使在考虑个人所得税的情况下,债务仍然具有净的税收价值。如果债务具有净税收价值,那么企业就会因为债务的税收价值不同而具有不同的债务水平,而其中企业所得税率和非债务税盾是决定债务净税收价值的重要影响因素,学者们也主要从这两个方面展开研究。

---

① 在模拟方法未被广泛使用前,该种做法被大量文献使用和借鉴,并且应用到研究企业的税收激励的各个方面。通过模拟方法计算边际税率的方法(Graham,1996)被推广后,西方学术文献中使用有效税率的文献已逐渐减少。

2.3.2 企业所得税税率与资本结构的关系

学者们研究表明,企业所得税税率的提高(降低)将导致企业税后债务成本的降低(提高),进而使企业债务税盾的价值成比例地增加(减少),即企业所得税税率的提高(降低)将导致动机的增加(减少)(Zwick, 1977; Holland and Myers, 1977; DeAngelo and Masulis, 1980)。根据研究方法和视角的不同,本书根据如下几个专题分别进行梳理和阐述。

2.3.2.1 企业所得税税率截面差异与资本结构

依据 Modigliani 和 Miller(1963)的包含企业所得税的资本结构理论模型,企业持有的债务的价值与企业所得税税率正相关,因而债务比例与企业所得税税率同样正相关。在经验证据方面,早期学者计量企业所得税税率时通常使用实际税率或者其他能够表示企业税收状态的虚拟变量(例如企业净营运亏损等),但是往往发现企业债务水平与企业所得税税率之间不相关,甚至负相关(MacKie-Mason, 1990; Rajan and Zingales, 1995)。Graham 等(1998)认为这可能是由于内生性造成的,当企业借款较多时,需要偿还的借款利息也较多,因而企业的实际税率就有可能较低。Graham 等(1998)考虑到这一因素,通过模拟的方法构建了"企业借款之前的边际税率"(Before-financing Corporate Marginal Tax Rate)变量,该种方法不仅考虑了企业的名义税率,而且考虑了企业的非债务税盾、投资补贴或抵免、净营运亏损等因素对边际税率的影响,能够更为准确地衡量企业借款利息的边际税率,他们的实证研究验证了企业所得税税率与资本结构水平之间的正相关关系,做类似的研究还有 Graham(1996)、Graham(2000)等。自 Graham(1996)提出这种方法后,西方学者普遍采用企业借款前的边际税率来研究税率与企业债务之间的关系。

与国外大量的经验研究不同,国内企业所得税与资本结构关系的文献以理论介绍和文献综述为主,关于企业所得税税率与资本结构关系的经验证据并不多,而且已有研究还主要通过实际税率衡量企业所得税税率水平。如陈超和饶育蕾(2003)研究了我国上市公司资本结构的决定因素,他们将当期支付的所得税与税前利润的比值作为衡量企业所得税税率的指标,结果发现实际所得税税率与长期债务水平正相关,而与短期债务水平没有显著的相关性;李延喜等(2008)研究了企业名义税率、实际税率对保守财务的行为的影响,结果发现企业享受的税收优惠越少时,即企业所得税税率越高时,越有可能执行保守财务的政策,这一检验结果与经典理论假设预期刚好相反。国内学术成果同样表明,在研究税率与资本结构关系时,如果使用实际税率,极有可能发现无关甚至负相关关系。

2.3.2.2 企业所得税税率外生性变化与资本结构

与截面研究所选择的视角不同,学者们还会选择税制改革作为研究视角。由于税制这一外生性变化能够极大地控制其他因素的干扰和影响(Givoly et al.,1992),能够更好地检验税率与资本结构之间的关系,因此国内外的税制改革都会引起大量的经验研究。

以美国1986年税制改革为例,Givoly 等(1992)研究税制改革(降低企业所得税税率)下,实际税率对债务水平变化的影响,他们认为税制改革前企业的实际税率越高,那么税率下降对这些企业的影响越明显,即这些企业的税率下降很大,也与理论预期一致,他们发现税制改革前企业的实际税率与债务水平显著负相关,支持了"差别税收"假说。Grant 和 Roman(2007)对澳大利亚税改的研究也得到了类似的结论。国内学者围绕税制改革也展开了一定的研究,得到的研究结论与国外学者大致一样(吴联生和岳衡,2006;李增福等,2012)。例如,吴联生和岳衡(2006)基于我国取消"先征后返"所得税优惠政策这一事件,检验了企业所得税税率这一外生性变化对资本结构的影响,研究表明优惠政策的取消提高了企业所得税税率,相关企业的债务水平也相应地上升了;李增福等(2012)基于我国2008年开始实施新的《企业所得税法》,研究破产成本对税率变化下资本结构调整行为的影响,他们的研究结果表明高负债水平和低负债水平的企业在税率变化下对资本结构的调整程度是不对称的,低负债水平企业的资本结构对税率上升更为敏感,而高负债水平企业的资本结构对税率下降更为敏感。

从经验证据的结论可以看出,基于税制改革视角的实证研究的检验结论符合包含企业所得税的MM模型理论预期,可以说税制改革是检验税率与资本结构关系的重要自然试验场,为税收视角的资本结构理论研究提供了绝佳的契机。

2.3.2.3 其他研究

还有一些学者从跨国企业或企业集团内部资本市场角度,探究地区税率差异对资本结构以及内部借款的影响。在理论模型方面,Hodder 和 Senbet(1990)将 Miller(1977)的均衡理论扩展到全球资本市场,通过模型推导发现,企业会选择将债务更多地"放在"更有税收优势的地方。

经验证据方面,Desai等(2004)研究跨国企业外国分支机构所在地税率水平与资本结构、内部借款之间的关系,结果表明分支机构所在地税率提高10%,资产负债率平均会上升2.8%左右,其中来源于企业内部的借款规模对税率尤其敏感;Huizinga等(2008)也提出了跨国企业国际化背景下的最优债务策略,分析认为跨国企业在某一地区的债务策略受到当地税率、当地税率与跨国企业在其他经营地区的税率差异的共同影响,实证检验的结果表明跨国企业的债务策略既受到所在地税率的影响,也受到所在地税率与其他经营地税率差异的影响,如果只关注前者而忽略后者的影响,将会使得所在地税率与债务的关系被低估25%左右。

从全球化视角下研究跨国企业内部债务配置和转移是近年来才开始兴起的话题,由于国际税收、分部财务报表数据公开披露程度有限,因而该方面的研究还比较少。未来学者们不仅可以通过跨国企业研究债务内部配置和转移的问题,还可以研究集团内部资本市场中跨税收管辖权的资本结构和债务转移问题,尤其是在地区税收优惠有差异的转型经济国家更有意义和价值。

2.3.3 非债务税盾与资本结构的关系

Modigliani和Miller(1963)发现由于债务利息具有避税作用,因而企业价值随着债务比例的上升而提高,最优资本结构为100%债务。Miller(1977)从个人所得税和资本利得税视角出发,研究表明由于债务利息在个人所得税上的劣势,均衡状态下,债务的"税盾价值"会因债券利率的提高而被完全抵消掉(下文简称"Miller均衡")。但是Graham(2000)基于实证研究发现,债券投资者的税后收益要显著高于股权投资的税后收益,一方面表明"Miller均衡"在现实世界中远未达到,另一方面表明企业仍然存在发行债券的空间,即债务水平仍然要低于最优资本结构下的债务水平(Underleverage Puzzle,负债过低之谜)。那么企业负债水平为什么低于最优资本结构下的债务水平呢?学者们在Graham(2000)的研究之前已进行了经验探索,其中一个重要领域是从"非债务税盾"角度进行解释。已有的文献成果中,"非债务税盾"的经验证据主要集中在"与投资有关的税盾"方面,而对企业其他可以使用的"非债务税盾"方面的研究还比较匮乏。

2.3.3.1 "与投资有关的税盾"与资本结构

"与投资有关的税盾"的研究,存在"替代效应"与"收入效应"(Income Effect)两种假说。

1. "替代效应"假说

"替代效应"假说由 DeAngelo 和 Masulis(1980)提出,他们通过理论研究发现,由于企业除债务以外的其他税盾,如固定资产折旧和投资税抵免等,会降低边际税率和增加企业失去债务利息抵扣的概率,债务的"税盾价值"随企业其他税盾的增加而降低,理论预期企业的债务水平与其他税盾之间负相关,即二者间存在"替代效应"。例如,当企业可使用的"与投资有关的税盾"由于税法变化而减少时,企业会倾向于增加"债务税盾",进而保证税盾的总体水平相对不变。

国外学者通过各种实证方法检验了"替代效应"假说,但并没有得出一致的结论。一方面,一部分学者的研究支持了"替代效应"假说(Ayers,1987;Pilotte and Gable,1990;Givoly et al.,1992)。例如,Givoly 等(1992)发现企业所得税税率与企业债务水平显著正相关,且债务水平和"与投资有关的税盾"之间存在相互替代的关系。另一方面,部分学者的研究发现了与"替代效应"假说不一致的证据(Boquist and Moore,1984;Miles and Ezzell,1985)。例如,Boquist 和 Moore(1984)通过美国工业企业的截面数据发现,带息债务占总资产的比例与避税项目多少没有显著的关系,这一结论与"替代效应"不一致。直到 MacKie-Mason(1990)认为 DeAngelo 和 Masulis(1980)提出的"替代效应"理论与企业接近税收耗损状态的概率有关,只有当"非债务税盾"使得企业处于税收耗损状态才能够实质性地降低边际税率,进而影响债务水平,MacKie-Mason(1990)通过经验证据支持了自己的假说。Dhaliwal 等(1992)通过不同的方法研究投资税收抵免与资本结构之间的关系,验证了税收耗损状态对"替代效应"的影响,同样支持了 MacKie-Mason(1990)提出的"税收耗损状态"假说。

国内学者关于"与投资有关的税盾"的研究没有得出一致的结论。在研究"替代效应"的相关文献中,胡跃红和郑震(2005)选取 2000—2002 年间上海证券交易所的 150 家公司作为研究样本,检验上市公司资产负债率与"与投资有关的税盾"之间的关系,结果表明二者间存在显著的负相关关系,不过"与投资有关的税盾"和长期资产负债率的关系结果并不显著;彭程和刘星

(2007)则利用联立方程模型,将负债、投资决策视为内生决定的,结果同样支持"替代效应"假说;刁伍钧等(2009)选择了黑色金属行业上市公司作为特定的研究样本,结果表明"与投资有关的税盾"与公司总资产负债率显著负相关,但是与短期负债率的关系结果并不显著;而闵丹和韩立岩(2008)则从产业组织理论出发研究行业平均负债率的决定因素,检验结果表明行业平均负债率与"与投资有关的税盾"显著负相关,提供了行业层面视角的经验证据。

从目前掌握的文献来看,国内文献一般只将"非债务税盾"作为检验资本结构理论决定因素的控制变量,另外还存在如下一些问题:一方面,在衡量资本结构时往往不是从税收视角出发选用有息债务作为被解释变量,而是使用包含了无息和有息债务的总的(短期/长期)负债水平;另一方面,部分文献没有发现"与投资有关的税盾"的结论,可能的原因是没有考虑"税收耗损状态"的影响(MacKie-Mason,1990),且基于"税收耗损状态"检验"与投资有关的税盾"与资本结构关系的学术文献尚未发现。

2."收入效应"假说

"替代效应"假说提出以后,学者们后续的经验证据并未得到统一的结论,甚至有学者得到相反的结论,如 Dammon 和 Senbet(1988)研发发现非债务税盾和债务水平二者间正相关,他们认为"与投资有关的税盾"与资本结构之间可能存在"收入效应"。与"替代效应"假说不同,Dammon 和 Senbet(1988)提出的"收入效应"假说认为,企业可使用的"与投资有关的税盾"的变化会导致企业投资所受的税收激励发生变化,这将使企业的资本资产投资水平发生变化,而投资水平变化会引起外部融资水平发生改变,债务融资作为外部融资的主要手段,必然也会受到影响。例如,当税法增加可使用的"与投资有关的税盾"时,企业资本资产投资的机会增多,这将增加企业债务融资的需求。由于难以找到针对"收入效应"的合适的观测变量,国外学者对"收入效应"只进行了间接的检验(Sener,1989;Bathala and Carlson,1992)。其中,Sener(1989)检验了通货膨胀对投资的影响,发现投资和"债务税盾"显著正相关,而不是相互替代的关系。Bathala 和 Carlson(1992)研究了"与投资有关的税盾"废除后企业资本投资特征的变化,发现"与投资有关的税盾"的废除对企业债务投资水平有负面影响。上述研究为"收入效应"的存在提供了证据。"替代效应"与"收入效应"是关于"与投资有关的税盾"与"债务税盾"关系的两种不同观点,这两种观点分析问题的角度不同。"替代效应"是从企业

"税盾构成"决策的角度进行分析,而"收入效应"则是从企业资本资产投资角度阐述了"与投资有关的税盾"与"债务税盾"间的关系。两种因素作用途径不冲突,是"与投资有关的税盾"与"债务税盾"关系的共同决定因素。

国内关于"收入效应"的经验研究只有一篇公开发表的成果。彭程和刘星(2007)从税收因素视角,研究了中国上市公司负债融资与投资支出之间的动态关系,他们的研究支持了"收入效应"假说。总体而言,"与投资有关的税盾"与资本结构关系"收入效应"视角的研究成果还比较匮乏,其主要原因在于较为薄弱的理论基础和研究设计上的难度。

2.3.3.2 其他非债务税盾与资本结构

MacKie-Mason(1990)、Dhaliwal等(1992)的经验研究都支持DeAngelo和Masulis(1980)的"替代效应"理论,不过他们在衡量"非债务税盾"时使用的都是固定资产折旧以及投资税抵免等易于观测和计量的指标,而实际上企业可以抵扣的"非债务税盾"的来源和形式还有很多种。Graham和Tucker(2006)收集分析了44件涉税处罚案例,发现企业通过转移定价、财产保险等经营活动产生大量的"非债务税盾",这些"非债务税盾"是由利息抵扣形成的"债务税盾"的3倍还要多,而这些"非债务税盾"使得企业的债务水平显著下降,该项研究拓展了"非债务税盾"的研究范畴,同时也指出考虑其他形式的"非债务税盾"的重要性。

在扩展"非债务税盾"范畴的研究中,一个重要领域是关于"雇员股票期权"的研究。Hanlon和Shevlin(2002)通过研究"雇员股票期权计划"的税收收益,发现雇员股票期权可以给企业带来大量的税收抵扣,构成了"非债务税盾"并预期雇员股票期权可能会对企业债务水平产生影响。Graham等(2004)基于经验数据,研究发现雇员股票期权计划会显著降低企业的边际税率,并且雇员股票期权产生的税收收益与债务水平负相关。Kahle和Shastri(2005)更为直接地研究了雇员股票期权产生的税收收益与企业长短期债务之间的关系,研究结果发现同样支持"替代效应"假说,此外,他们还研究了雇员股票期权计划税收收益变化与债务水平变化之间的关系,同样验证了"替代效应"假设。做过类似研究的还有Aier和Moore(2008),他们还发现企业接近税收耗损状态的程度会对雇员股票期权产生的税收收益与债务水平二者间的替代关系产生影响,支持MacKie-Mason(1990)的"税收耗损状态"假说。上述研究都从雇员股票期权视角,试图拓展"非债务税盾"的范畴,以期解释企业"负债过低之谜"。除了雇员股票期权外,Shivdasani和Stefanescu(2010)还研究了企业养老金计划对资本结构的影响,结果表明企业养老金计划形成的"非债务税盾"大约占借款利息产生的"债务税盾"的1/3,能够显著降低企业的边际税率,考虑到企业养老金计划的影响,企业债务水平就显得没有那么"保守"了。

国内学者研究"非债务税盾"时,通常只考虑"与投资有关的税盾",而较少考虑其他形式的"非债务税盾"。Liu和Cao(2007)在研究中国上市公司实际税率的决定因素时,发现公司雇佣员工数与上市公司的实际税率显著负相关,不过他们分析问题的角度是从地方政府支持视角出发,认为公司雇佣员工数越多,获得地方政府支持的可能性越大,相应地,公司实际税负越低,但是实际上由于公司可以抵扣的工资薪金支出与人数直接相关,因而他们发现的结果也有可能是"人数反映了可抵扣的工资薪金支出"所致,这也从一个侧面反映了企业的"工资税盾"会影响企业的实际税率。直接研究其他形式的"非债务税盾"与资本结构关系的相关文献,笔者目前还没发现。

通过梳理上述文献可知,"负债过低之谜"一直未被完全解决,仍然是资本结构理论中重要的研究主题。在后续文献中,"非债务税盾"是解释企业"负债过低之谜"的重要视角。以往国外的研究成果从多个方面拓展了"非债务税盾"的范围,如经营活动产生的税盾、雇员股票期权以及养老金计划等产生的税盾等(Graham and Tucker,2006;Kahle and Shastri,2005;Aier and Moore,2008;Shivdasani and Stefanescu,2010;等等),不过总体而言,研究成果还相对较少,亟待拓展研究范围和领域。从目前国内的学术文献来看,已有研究主要集中在"与投资有关的税盾"方面,尚未有从员工工资薪金、研发支出等角度展开的研究。本书研究工资税盾、研发开发支出形成的税盾等与资本结构之间的关系,研究结论可以拓展"非债务税盾"的范围,提供影响资本结构的新因素,并在一定程度上能够解释企业"负债过低之谜"。

2.4　产权性质、企业所得税与资本结构

不同国家的制度安排和金融市场乃至金融体系可能存在本质差异,这些

差异可能导致资本结构理论不能简单地"出口"到别的国家,尤其是发展中国家和经济转型国家(Myers,2003)。

2.4.1　产权性质与资本结构

中国作为转型经济体,中国上市公司所处的制度环境与发达国家和其他发展中国家相比存在诸多不同之处。一方面,中国正处于由计划经济向市场经济过渡的阶段;另一方面,中国上市公司大部分归国家所有(Huang and Song,2006),国有股在股权结构中占绝对优势,这与发达资本主义国家上市公司的股权结构和一些东欧国家爆炸式私有化后的股权结构均不同(Qian et al.,1999)。中国上市公司债务融资的主要来源仍是银行贷款,且提供贷款的银行大多是国有银行(肖泽忠和邹宏,2008)。这一特殊的制度环境可能会导致中国国有控股上市公司资本结构不同于其他发达国家或发展中国家的上市公司。目前学术界对中国国有控股上市公司的产权性质与资本结构的研究尚不多见,且研究结果也未得出统一的结论(方军雄,2007;肖泽忠和邹宏,2008)。其中,方军雄(2007)针对1996—2004年国有工业企业和非国有工业企业负债状况的研究发现,相比非国有工业企业,银行发放给国有工业企业的贷款更多,期限较长的贷款比重更高。肖泽忠和邹宏(2008)发现虽然总体上国有股、法人股和外资股的比例对上市公司总的负债率没有显著影响,但是国有控股企业的长期负债率要高于非国有控股企业。

上述文献均是直接研究产权性质与资本结构的关系,目前还没有文献就产权性质对企业所得税与资本结构的关系的影响进行研究,已有文献集中在对产权性质与企业实际税负、税收筹划激进程度等的研究。

2.4.2　产权性质与企业所得税

基于Scholes等(2005)提出的"有效税务筹划理论"[①],国内外学者对企业性质与税收筹划的关系进行了研究。Cloyd等(1996)指出,上市公司相对于

---

① Scholes等(2005)强调筹划者在进行投资和融资决策时,需考虑拟进行的交易对交易各方产生的税收影响,且不仅需要考虑显性税收(直接支付给税务当局的税收),还要考虑隐性税收,它要求筹划者认识到,税收仅仅是企业众多经营成本中的一种,在筹划过程中必须考虑所有成本,而且若要实施某些被提议的税务筹划方案,可能会带来极大的商业重组成本。

私人企业，由于存在代理问题且受资本市场关注较多，其非税成本较大，因此会采用较保守的税收筹划，Mills 和 Newberry（2001）也得到了类似的结论。

关于企业产权性质与税收筹划之间关系的文献，国内外学者的研究成果还不多。Derashid 和 Zhang（2003）以马来西亚上市公司作为研究对象，发现公司的国有股权比例与实际税负之间没有显著相关性；Adhikari 等（2006）同样以马来西亚上市公司为样本，研究了国有股权与企业税负之间的关系，结果发现国有股权比例与企业税负显著负相关。国内学者吴联生和李辰（2007）以我国中央政府取消"先征后返"政策作为契机，研究该政策的取消对企业税收负担的影响，他们将国有股权比例作为控制变量，结果没有发现二者之间存在显著的相关性。郑红霞和韩梅芳（2008）从财务报告成本角度分析，认为国有股权面临更高的财务报告成本，因而国有控股上市公司比民营上市公司更倾向于采取保守的税收筹划行为，他们的实证结果也支持了这一结论。可见，关于国有股权与实际税负关系的研究结论并未统一。吴联生（2009）指出这些研究并未考虑企业享受的税收优惠政策因素的影响，在控制该因素的影响的条件下，他的研究结果表明国有股权比例越高，企业的实际税率也越高；在非税收优惠企业中，国有股权比例与实际税率之间的正向关系更为显著。

通过梳理产权性质、企业所得税与资本结构领域的学术文献可知：（1）产权性质与资本结构关系的研究成果还比较少，尤其是二者间关系的作用路径。（2）基于我国特有的制度因素（国有与非国有的产权性质）对企业所得税与资本结构的关系进行研究的文献尚属空白。（3）关于产权性质与税收筹划的关系，学术界的相关文献十分有限，而从产权性质与税收筹划关系的视角来研究企业所得税对资本结构的影响的文献更是缺乏。本书不仅关注企业所得税与资本结构的关系在中国的适用性，还将研究产权性质这一特殊制度因素对企业所得税与资本结构的关系的影响，为发展"本土化"的资本结构理论做出贡献。

第3章 制度背景

3.1 "两税合一"与企业所得税税制变化

3.1.1 企业所得税税制中的"两税并存"

"两税并存"指我国国内企业、外商投资企业和外国企业适用有差别的企业所得税税制度,这种双轨制在改革开放后的20世纪80年代初期产生雏形,并在1994年税制改革后正式形成。双轨制的产生有其特定的历史原因,而这得分别追溯两类企业的渊源。

3.1.1.1 外资进入与企业所得税税制

1.《中外合资经营企业所得税法》

改革开放以后,我国对外经济交往有了很大的发展。尤其是在1979年我国颁布《中华人民共和国中外合资经营企业法》以后,外商来华洽谈合资经营的越来越多。而在当时,由于内资企业的主体是国有企业,还主要以"上缴利润"的形式完成国家的税收任务,客观上使得我国还没有企业所得税相关的制度或者法律,绝大部分的企业负责人甚至对企业所得税这一概念还处于朦胧未知的状态,这些状况显然与国际税收的通行做法不符。

为了适应对外经济交往日益发展的新形势,1980年9月10日,第五届全国人大第三次会议审议通过了《中华人民共和国中外合资经营企业所得税法》[①]。该法律根据维护国家权益、平等互利的原则制定,有利于在平等互利的

[①] 五届全国人大三次会议同时通过了《中华人民共和国个人所得税法》,针对的对象主要是外籍人士。当时针对国内居民,还没有开征个人所得税。

基础上，发展国际经济合作和扩大技术交流，促进我国"四化"建设的顺利进行。该税法对设在中国境内的中外合资经营企业（简称"合营企业"）征收所得税，并且对其在国外分支机构的生产、经营以及其他所得由总机构汇总缴纳（对于我国政府和外国政府之间订有避税双重征税协定的，分支机构在国外缴纳的所得税可在总机构的应纳所得税额内抵免）。合营企业的所得税税率为30%，另外按应纳所得税额附征10%的地方所得税[①]。外国合营者将企业利润汇出国内时，还须按汇出额缴纳10%的所得税。为了尽快发展国际经济合作和扩大技术交流，该法还对中外合资经营企业给予了大量的税收优惠：包括对新办的中外合资经营企业，合营期在10年以上的，自开始获利年度起给予"两免三减半"优惠[②]；此外对于经营范围为农业、林业等利润较低行业以及在经济不发达的边远地区的企业，还可以在以后10年内减征所得税15%至30%；对于利润再投资部分，可以退还再投资部分已纳税款的40%；新技术设备可以选用加速折旧的政策等。这一系列优惠政策给中外合资经营企业在国内偷逃税款带来了机会[③]，但不可否认的是，这些优惠政策对于吸纳国外资金发挥了至关重要的作用。

2.《外国企业所得税法》

随着我国改革开放的不断深入，外国企业在我国开始设立机构并经营业务。与此同时，与我国企业搞合作生产经营的外国企业也在增多。这就迫切需要一个相应的征税办法，使之有章可循、有法可依。1981年12月13日，第五届全国人大第四次会议审议通过了《中华人民共和国外国企业所得税法》。与《中外合资经营企业所得税法》不同，《外国企业所得税法》明确了对外商独资企业和中外合作生产、经营企业行使地域管辖权原则，仅对纳税人在中国境

[①] 实质上，合营企业需要缴纳的企业所得税税率为33%：30%×(1+10%)，这与后来的内资企业所得税税率相同。

[②] "两免三减半"指自获利年度开始，2年免征所得税，接下来减半征收3年的所得税。

[③] 执行企业可以通过新设企业的方法利用"一免两减半"的优惠。此外，由于"一免两减半"政策自开始获利年度起实施，因而企业还可以推迟净利润的实现以递延缴纳税款。除此之外，利润再投资政策等也提供了逃税机会，这些问题在后续发展中不断被暴露出来，促使国家需要通过税法的制定来合理保障国家税收利益。

内所得予以征税①。尽管这一政策在日后被指出有很多问题,但该税法的实施对于吸引外资大量进入、吸收国际先进的生产技术和管理经验以及充分发挥"后发优势"作用都起到了重要的作用。

外国企业缴纳的企业所得税采用西方国家惯用的超额累进税制,按外国企业全年所得额大小共适用五级超额累进税率:最低一级是企业年所得额低于25万元,税率为20%;最高一级是年所得额超过100万元,税率为40%。除此之外,外国企业还要按年所得额的10%缴纳地方所得税。相较于中外合资经营企业所得税税制,《外国企业所得税法》显得更为烦琐。但是,正是由于该税法可以适应大小企业的不同情况,体现"利多多征、利少少征"的原则,因而更有利于促进外国企业同我国企业开展合作生产。与《中外合资经营企业所得税法》一样,为了吸引外资,《外国企业所得税法》也有很大程度的减免税优惠,如对在中国从事农业、林业、牧业和深井开采煤矿等利润低的外国企业,经营期在10年以上的,从开始获利年度起,实施"一免二减半";免税期满后,经财政部批准,还可以在以后10年内继续减征15%~30%的所得税。这些优惠政策对于吸引外国企业投资起到了积极的作用。

3. 两法合并

随着我国对外开放步伐的进一步加快和外资的进一步进入,针对合营企业和外国企业实施两套税制政策本身的不完善和固有的缺陷进一步显现出来:

其一,两类企业税收负担不平衡,具体包括法定税率和税收优惠两方面,如在法定税率方面,合营企业所得税税率加上地方附加税共计33%,而外国企业最低所得税税率为30%,最高不到50%,可见外国企业的所得税税率明显高于合营企业;从税收优惠来看,合营企业可以享受"两免三减半"的优惠政策,而外国企业只有在从事农、林、牧等低利润行业时才可以享受"一免两减半"的优惠政策,税率和税收优惠两方面的差异客观上不利于外国企业的发展。

其二,1986年4月,第六届全国人大第四次会议通过了《中华人民共和国外资企业法》,此法明确了外资企业可取得中国法人资格。该法的形成有利

---

① 正是由于这一规定,使得对于具有中国法人资格的外商独资企业和中外合作生产、经营企业取得的境外所得,并不属于征缴所得税的范围,这在一定程度减少了财政收入,也不符合对法人居民的居民税收管辖权原则。

于国家更好地管理外资,但与此同时带来的问题是一旦外资企业取得中国法人资格,在税收上便无法可依,因为《中外合资经营企业所得税法》适用的对象是中外合资经营企业,而《外国企业所得税法》适用的对象是外国法人(包括外国投资者设在我国的分公司、分支机构以及虽未在我国设有机构但所得来源于我国的外国公司、企业和其他经济组织)。因此,必须制定统一的税法以解决这一矛盾。

其三,两套税制本身由于制度设计的缺陷,给外资逃税提供了较大的空间。学术界讨论最为广泛的就是关联企业转移定价问题(姚潇瀛等,1990;胡怡建,1992),因为关联企业之间可以通过抬高原材料进口价格、压低出口产品销售价格等手段转移利润,以逃避或减少在中国的纳税额。这一问题日益严重,直接导致大量税收流失和财政收入减少。

正是在上述情况日益凸显的背景下,1991年4月9日,第七届全国人大第四次会议通过并颁布了《中华人民共和国外商投资企业和外国企业所得税法》(主席令〔1991〕第45号),同时废止了《中华人民共和国中外合资经营企业所得税法》和《中华人民共和国外国企业所得税法》,实现了外商投资企业和外国企业在所得税制度上的统一。新颁布的法律以企业总机构所在地为准来确定法人居民和非居民,这一做法在2007年颁布的新税法中也有体现。对于总机构设立在中国境内的外商投资企业,就其来源于中国境内、境外所得汇总征税;对于外国企业,行使地域管辖权原则,仅就其在中国境内所得征税。

税率是税制的核心部分。《中华人民共和国外商投资企业和外国企业所得税法》对所有外商投资企业实行统一33%的比例税率,有利于企业间公平税负和平等竞争,同时简化了所得税的计算,更有利于企业进行可行性研究和效益分析。为了保持税收优惠政策的连续性和稳定性,新法同样有大量的优惠政策,并出现了地区间的差异,如该法第七条规定:"设在经济特区的外商投资企业,在经济特区设立机构、场所从事生产、经营的外国企业和设在经济技术开发区的生产性外商投资企业,减按15%的税率征收企业所得税;设在沿海经济开放区和经济特区、经济技术开发区所在城市的老市区的生产性外商投资企业,减按24%的税率征收企业所得税;设在沿海经济开放区和经济特区、经济技术开发区所在城市的老市区或者设在国务院规定的其他地区的外商投资企业,属于能源、交通、港口、码头或者国家鼓励的其他项目的,可以减按15%的税率征收企业所得税,具体办法由国务院规定。"除了针对上述地区的优惠外,针对新创立企业的"两免三减半"优惠政策继续执行,并进一步扩大执行范围。值得注意的是,对于关联交易问题,新法也做出了原则规定(第十三条):"外商投资企业或者外国企业在中国境内设立的从事生产、经营的机构、场所与其关联企业之间的业务往来,应当按照独立企业之间的业务往来收取或者支付价款、费用。不按照独立企业之间的业务往来收取或者支付价款、费用,而减少其应纳税的所得额的,税务机关有权进行合理调整。"应该说,两法合并后的新法符合当时中国经济发展的需要,能够更好地管理外商投资企业和外国企业,同时也打消了外商在我国进行投资的疑虑。

3.1.1.2 内资企业的经济性质与企业所得税税制

1. 国营企业"利改税"与企业所得税税制

1978—1992年间,国营企业围绕增强企业活力、转换经营机制、实现两权(所有权和经营权)分离采取了一系列行之有效的改革措施。在此期间,为了配合国营企业改革,国家财政通过让权让利、利改税等一系列措施,调整了国营企业的利润分配机制。

从1978年起,国家先是对国营企业实行基金制度,允许国营企业按照规定提取和使用企业基金。企业基金主要用于建造职工集体福利设施、举办农副业、弥补职工福利基金不足以及发给职工社会主义劳动竞赛奖金等项开支。此后,国家针对国营企业试行利润留成制度[①],与企业基金制度比较类似,利润留成制度规定经营有盈利的试点企业可以按国家核定的比例留用一部分利润,用于生产发展基金、职工福利基金和职工奖励基金[②]。应该说,利改税使得企业的自主财权扩大,能够调动企业职工的工作积极性,增强职工的责任感和主人翁意识,对搞活经济、促进发展都起到了重要作用,但真正意义上的大改革还没有开始。

尽管利润留成和各种包干制度对扩大企业自主权和调动企业积极性起到了明显的作用,但由于基数的不断变化,而且留成比例、包干上交数额也是几年一交,这些因素都使得国家和企业在分配关系上无法稳定下来(王丙乾,

---

① 早在1978年试行企业基金制度时,国家实际上已批准一些企业试行利润留成制度。

② 1979年7月,国务院发布了《关于国营企业实行利润留成的规定》,要求各省、自治区、直辖市和中央有关部门在工业、交通系统选择少数企业组织开展利润留成试点工作。1979年8月,财政部、国家经委和人民银行联合下发了《关于贯彻国务院改革企业管理体制文件试点中几个具体问题的意见》,对利润留成执行办法作出了具体规定。

1983）。利改税是国家与企业之间分配体制的一项重大改革。利改税把国家与企业之间的分配关系通过税收规定固定了下来，国营企业需要按照国家规定的税率和税额缴纳税款，税后利润归企业支配。不过在实际执行过程中，改革并不是一步到位的，而是在"摸着石头过河"：共分为两个步骤，第一步改革按"税利并存模式"进行，第二步则完全过渡到"以税代利"。自此国营企业应当向国家上缴产品税、增值税、盐税、资源税、所得税、调节税、房产税、土地使用税、车辆使用税和城市建设维护税等11个税种。

根据国务院批转的财政部《关于对国营企业利改税试行办法》，财政部发布了《关于对国营企业征收所得税的暂行规定》，将国营企业依据类型和规模进行分类，并分别执行比例税率和超额累进税率。具体规定：大中型企业适用比例税率，税率为55%；国营小型企业根据实现利润按照八级超额累进税率征收所得税。两类企业还在所得税税后利润的支配上存在差异，对于大型企业，所得税税后的利润，一部分上缴国库，一部分按照国家核定的留利水平留给企业；对于国营小型企业，税后利润原则上可以自行支配。1984年9月18日，财政部在总结第一步利改税经验的基础上，同时发布了《中华人民共和国国营企业所得税条例（草案）》和《国营企业调节税征收办法》。条例规定盈利的国营大中型企业按照55%的固定比例税率缴纳所得税后，按照核定的调节税税率计算缴纳调节税。此后国营企业适用的比例税率发生了两次变化：第一次，1989年3月，《关于国营企业实行税利分流的试点方案》规定所有盈利的国营企业一律按35%的比例税率缴纳所得税；第二次，1991年8月，《国营企业实行"税利分流、税后还贷、税后承包"的试点办法》将企业所得税税率降到33%。

2. 集体企业所得税税制

与国营企业不同，集体企业所得税是由原先的工商所得税演变而来。1963年，国务院发布《关于调整工商所得税负担和改进征收办法的试行规定》，对集体企业征收的所得税采用八级超额累进税率。但是随着经济发展，原先制定的征税办法已经不能适应新要求，例如，原先制定的八级超额累进税率的分布已经与时代不太相符，也就不能起到很好的收入调节作用。除此之外，利改税后国营小型企业征税的八级超额累进税率都要低于集体企业的税率。因此，为了适用经济发展形势，有效调节收入分配，同时平衡集体企业和国营小型企业之间的税负，国务院于1985年4月11日发布了《中华人民共和国集体企业所得税暂行条例》。

新的集体企业所得税条例调整了八级超额累进税率的累进点,将最低一级的累进起点由300元调为1 000元,最高一级由8万元调为20万元,中间级距都相应地拉开了,各个级别的负担都有所降低。修改后的集体企业的税负与国营小型企业的税负基本持平。应该说,新的集体企业所得税条例能够调整集体企业所得税负担,促进集体经济的发展,满足了社会经济发展的客观要求(晓阳,1987)。

3. 私有经济发展与企业所得税税制

伴随着经济体制改革的逐渐深化,国家不断扩大企业经济形式,党的十一届六中全会通过的《中国共产党中央委员会关于建国以来党的若干历史问题的决议》指出:"国营经济和集体经济是我国基本的经济形式,一定范围的劳动者个体经济是公有制经济的必要补充。"此后,国家坚持多种经济形式和经营方式共同发展,发挥个体经济、私营经济和其他经济成分对公有制经济的有益的补充作用。

正是在这样良好的政治形势和经济环境下,我国个体经济不断恢复和发展[①],私有资产规模不断扩大。为了调节私营企业的收入,保护私营企业的合法利益,保障国家的财政收入,1988年6月25日,国务院发布了《中华人民共和国私营企业所得税暂行条例》。条例规定从1988年起,开征私营企业所得税,采用35%的比例税率。自此,私营经济的地位和作用得到了党和政府的认可,私营经济的合法权益和利益也能更好地得到国家法律的保护,私营经济得到了前所未有的发展(毛三元,1994)。

4. 内资企业所得税税制统一

1994年之前,内资企业所得税税依据企业的经济性质分别设置,具体包括国营企业所得税、集体企业所得税和私营企业所得税三种类型。但是随着国民经济的发展和经济体制改革的深化,旧的所得税税制的不适应性越来越突出,积累的矛盾和问题越来越多(许玉生,1994)。1993年12月13日,国务院发布《中华人民共和国企业所得税暂行条例》,自1994年1月1日起施行。

---

① 个体经济的主体包括个体工商户和私营企业两部分,本章分析的主体是企业,此处对于个体工商户所得税不作介绍,而且严格意义上来讲,个体工商户所得税属于个人所得税范畴,与文中其他部分介绍的企业所得税有本质上的区别。

新条例对过去不同性质的内资企业所得税条例予以了统一,包括四个方面:

其一,统一税种,即将原先施行的国营企业所得税、集体企业所得税、私营企业所得税统一合并为企业所得税。

其二,统一税率,不再有超额累进税率制度,统一为33%的比例税率。此外还有两档照顾性税率:对年应纳税所得额在3万元(含3万元)以下的企业,暂减按18%的税率征收所得税;对年应纳税所得额在10万元(含10万元)以下至3万元的企业,暂减按27%的税率征收所得税(《企业所得税若干政策问题的规定》)。

其三,统一计税标准,计算应纳税所得额时不再依据不同行业、不同口径分别计算,明确统一依照国家税法规定执行,各个企业的计税口径一致。

其四,统一征收方法,明确规定国有企业不再实行承包上缴所得税的办法,统一由税务机关计算征收。

新条例充分体现了"公平税负、促进竞争"的原则,符合党的十四大提出的"建立社会主义市场经济体制"的改革目标,同时也为统一内外资企业所得税创造条件。

3.1.2 "两税合一"与企业所得税税率变化

3.1.2.1 制度变迁背景

1991年以后,我国关于外商投资企业和外国企业的税制统一为《中华人民共和国外商投资企业和外国企业所得税法》。而在1994年以后,内资企业所得税税制统一为《中华人民共和国企业所得税暂行条例》,自此之后,我国内外商投资企业和外国企业所得税"双轨制"正式形成。"双轨制"的形成有其特定的历史原因,改革开放初期国家经济建设迫切需要大量外资、先进的生产技术和管理经验,因而为了充分发挥"后发优势",我国给外商投资企业和外国企业大量的税收优惠。然而伴随着我国经济体制改革的不断深入,内资企业所得税税制的计划经济痕迹逐渐凸显出来,而外商投资企业和外国企业的"超国民待遇"也不利于企业之间的公平竞争,具体表现为如下几个方面:

其一,企业所得税的法律地位不高,影响税法的严肃性和独立性。这点主要针对关于内资企业的所得税暂行条例,由于是暂行条例,立法层次和立法地位都不高;而且由于在有些政策中弹性较大,失去了税法的严肃性,而且也违背了以法治税、依法征税的治税思想(李殷,2006)。应该说,企业所得税的法律地位不符合经济发展的客观要求,也与社会主义市场经济体制不相符。

其二,内外资企业税负不同,不利于公平竞争。内外资企业适用不同的税制,一方面导致两类企业实际执行中使用的税率不同,内资企业主要按照民政福利企业、资源综合利用企业等分别享受不同的税收优惠,外商投资企业和外国企业则可以享受"两免三减半""五免五减半"等优惠税率。另一方面,内外资企业在税基上差异也比较大,例如内资企业适用的暂行条例规定了内资企业可以扣除的工资限额[①],而外资企业则可以据实扣除。除此之外,在坏账准备、业务招待费等列支标准方面也存在较大差异,总体来看,内资企业的税基要宽于外资企业。综合税率和税基两方面来看,内资企业税负都要高于外资企业。据测算,实际上我国外资企业的平均所得税税率只有11%,而一般内资企业的平均所得税税率达到了22%,国有大中型企业的平均所得税税率更是高达30%(赵霄汉等,2007)。应该说,内外资企业税负差异较大,不利于本土企业与外资企业平等竞争。

其三,区域优惠政策不同。改革开放之初,为了拉动国民经济的发展,国家对一些沿海开放地区、沿边开放地区和经济特区给予了特殊的税收优惠政策。随着市场经济体制改革的深入,其他地区的市场化程度都得到了提高,但是不同区域的税收优惠政策间仍存在较大差异。尤其是伴随着经济特区的不断发展和壮大,区域经济发展不平衡的问题越来越突出。总体来看,税收优惠侧重经济特区、沿海经济开发区和经济技术开发区,并且对东部地区的照顾优于西部地区。西部地区发展比较落后和西部地区优惠政策较少这对矛盾就越来越突出,相反,对东部地区继续给予税收优惠政策支持显得越来越不合时宜。

在这样的背景下,2007年3月16日,第十届全国人民代表大会第五次会议审议通过了《中华人民共和国企业所得税法》(中华人民共和国主席令〔2007〕第63号)。新税法的基本原则包括"简税制、宽税基、低税率、严征管",此外还体现了公平与效率相结合、体现国家产业政策的原则(赵霄汉等,2007)。新税法提高了企业所得税税制的立法层级,尤其是对于内资企业,从原先的暂行条例变为法律形式。根据党的十六届三中全会关于"统一各类企业税收制度"的精神,新税法实现了五个方面的统一:统一税法并适用于所有

---

① 后文分析计税工资制度时会对此做详尽的分析和介绍。

内外资企业,统一并适当降低税率,统一并规范税前扣除范围和标准,统一并规范税收优惠政策,统一并规范税收征管要求。不过,为了让内外资企业实现平稳过渡,新税法还规定了两类过渡性优惠政策:一是对新税法公布前批准设立的享受低税率和定期减免税优惠的企业,继续执行优惠政策;二是对法律设置的发展对外经济合作和技术交流的特定地区,以及国务院已规定执行上述地区特殊政策的地区内新设立的高新技术企业,给予过渡性优惠政策,比如"西部大开发"政策等。

3.1.2.2 涉及的税率变化

1. 税法改革前的情况

根据1993年国务院发布的《中华人民共和国企业所得税暂行条例》以及1994年颁布的《企业所得税若干政策问题的规定》,内资企业法定税率为33%,年度应纳税所得额在3万元以下的企业和在10万元以下3万元以上的企业分别适用18%和27%两档照顾性优惠税率。由于经济和社会发展的需要,国家在一定期限内给特定地区、行业和企业以特定的税收优惠,包括高新技术企业优惠,乡镇企业优惠,经济特区、经济开发区、西部大开发企业优惠等[①]。

根据1991年颁布的《中华人民共和国外商投资企业和外国企业所得税法》规定,外商投资企业和外国企业的所得税实行30%的比例税率,另按应纳税所得额征收3%的地方所得税,综合税率亦为33%。但是,为了吸引外资,国家对外商投资企业和外国企业实施了一系列税收优惠政策,主要包括"两免三减半"优惠、投资港口码头和能源类享受企业所得税"五免五减半",对设在经济特区、经济技术开发区生产性外商投资企业实行15%和24%的优惠税

---

① 国务院批准的高新技术开发区内的高新技术企业,可减按15%的税率征收企业所得税;并且对新办的高新技术企业,自投产年度起2年内免征企业所得税。乡镇企业可按应缴税款减征10%,用于资助社会性开支的费用。深圳、珠海、汕头、厦门和海南省5个经济特区享受15%的所得税税率。沿海开放城市、沿海经济开放地区、经济技术开发区、专为台湾省设立的投资区、上海浦东开发区、保税区、高新技术开发区、边境开放城市及苏州工业园区等都享受一定程度的税收优惠。西部大开发优惠指对设在西部12个省(区、市)(陕西、甘肃、青海、宁夏回族自治区、新疆维吾尔自治区、四川、云南、贵州、西藏自治区、广西壮族自治区、内蒙古自治区、重庆)的国家鼓励类产业的内资企业,在2001—2010年期间,减按15%的税率征收企业所得税。

率等。

根据上市公司2007年年度报告披露的母公司税税率数据,笔者对实施新税法以前2007年上市公司的税率分布进行了统计[①],具体见表3-1:

表 3-1　税法改革前上市公司的税率分布

税率范围 / %	公司数 / 家	百分比 / %	累积百分比 / %
[0, 7.5]	32	2.37	2.37
[10, 15)	27	2.00	4.37
15	527	39.01	43.38
(15, 30]	30	2.22	45.6
33	735	54.40	100
合计	1 351	100	—

注:由于企业所得税税率集中在几个特定值上,因而税率范围里呈现了15%和33%两个特定值上的企业分布。

如表3-1所示,税法改革前(2007年)企业所得税税率主要集中在15%和33%两个特定值:适用法定最高税率33%的公司为735家,占比超过一半以上,约为54.40%;适用15%优惠税率的公司为527家,不到整个样本数的40%。除了这两类样本外,其余还有6.59%左右的公司享受优惠税率,其中小于15%的公司约为4.37%,大于15%且小于33%的公司约占2.22%。总体而言,税法改革前公司平均税率约为24.64%,低于法定最高税率约8.36个百分点。图3-1为企业所得税税率的频率分布直方图,观察可知税法改革前企业所得税税率分布比较分散。

2. 税法改革后的变化

2007年3月16日,第十届全国人民代表大会第五次会议审议通过了《中华人民共和国企业所得税法》。新税法较大程度上改变了我国企业所得税制度,其核心之一是内外资企业所得税税率统一为25%。值得注意的是,新税法除统一基本税率以外,原先"区域性优惠"的政策导向也转变为"产业性优

---

① 母公司指合并报表中披露的母公司报表对应的"母公司",并非控制上市公司的"母公司"。相关的税率数据为笔者手工收集获得。为了更好地对比税法改革前后税率分布以及税率变化情况,此处选用的样本为改革前2007年和改革后2008年都披露的税率数据且不存在多个税率(母公司与其分公司税率存在不同的情况)的样本,共计1 351家。

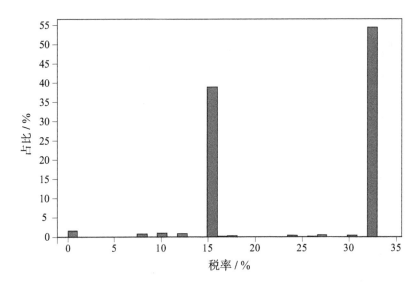

注：纵坐标为占比(单位：%)，横坐标为上市公司母公司适用的名义税率(单位：%)。

图3-1 税法改革前公司税税率的频率分布直方图

惠为主、区域性优惠为辅"的导向[①]。为了让内外资企业实现平稳过渡，新税法还规定2008年以前享受低税率优惠政策的企业的企业所得税税率，在新税法施行后5年内逐步过渡到法定税率。其中，享受15%企业所得税税率的企业，2008年变为18%，2009年为20%，2010年按22%执行，2011年为24%，2012年为25%。该政策使得在新税法实施后的一段时间内，原先享受税收优惠的企业实际税负不会立即增加，给企业留足了缓冲期，使之更好地适应新税法。除此之外，对于原先享受"两免三减半""五免五减半"等定期减免税收优惠的企业，新税法施行后继续按原文件规定的优惠办法执行至优惠期满，如因未获利尚未享受这些优惠政策，优惠期限从2008年度起计算。总体而言，尽管新税法实施前我国企业实际享受低税率现象大量存在，尤其是在上市公司母、子公司中，不过由于新税法实施后过渡期、特定行业以及西部大开发等相关优惠政策的存在，新税法实施后企业的实际税负得到实质性的降低。

为了更好地对比税法改革前后税率分布差异，表3-2仅包括2007年业已

---

① 除西部大开发相关税收优惠政策仍然延续以外，原有的其他区域性优惠政策基本都被取消。新税法转而针对高新技术产业、软件产业和集成电路产业、证券投资基金行业等实施特定的减免税政策。

上市的公司。与前文一致,表3-2报告了母公司适用税率的分布情况。

如表3-2所示,税法改革后(2008年)公司的税率主要集中在15%、18%和25%三个特定值:适用法定最高税率25%的公司为702家,占比超过样本数的一半以上,约为51.96%;适用15%优惠税率的公司为471家,约为整个样本数的35%左右;另外适用过渡期税率的公司为141家,约占样本总体的10%左右。

表 3-2 税法改革后上市公司的税率分布

税率范围 / %	公司数 / 家	百分比 / %	累积百分比 / %
[0, 7.5]	16	1.18	1.18
[9, 15)	21	1.55	2.74
15	471	34.86	37.6
18	141	10.44	48.04
25	702	51.96	100
合计	1351	100	—

注:由于企业所得税税率集中在几个特定值上,因而税率范围里呈现了15%、18%和25%三个特定值上的企业所得分布。

除了这三类样本外,其余还有不到3%的公司享受低于15%的优惠税率,其中小于9%和大于9%且小于15%的分别约为1.18%和1.55%。总体而言,税法改革后公司平均税率约为20.26%,低于税法改革前的平均税率(24.64%),表明新税法实施后我国上市公司的名义税率平均下降4.38个百分点左右。此外,新税法实施后公司的平均税率低于法定最高税率4.74个百分点左右,与改革前(低于法定税率8.36个百分点)相比下降明显,表明税法实施后公司享受的优惠税率政策明显减少。图3-2为企业所得税税率的频率分布直方图,从图中可以明显看出税法改革后企业所得税税率的分散程度要显著低于税法改革前的情况,共有9种不同税率(改革前有16种不同税率),反映了新税法税收优惠更统一的特征。

为了更为直观地对比企业所得税改革前后适用税率的变化,本书计算了上市公司母公司(主要为内资企业)适用税率的变化额,并绘制了适用税率变化的直方图(图3-3)。如图3-3所示,新税法实施后,接近45%的公司名义税率下降了8个百分点(可推断为从33%下降到25%);超过10%的公司名义税

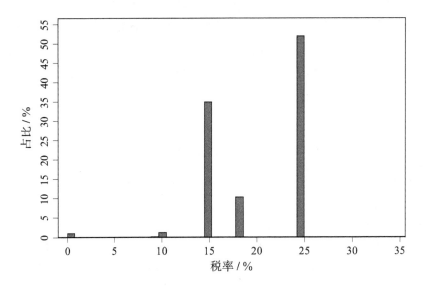

注:纵坐标为占比(单位:%),横坐标为上市公司母公司适用的名义税率(单位:%)。

图3-2　税法改革后企业所得税税率的频率分布直方图

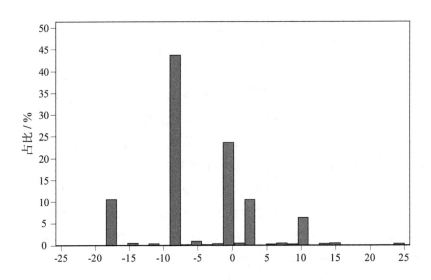

注:纵坐标为占比(单位:%);横坐标为上市公司新税法改革后适用的名义税率的变化(单位:个)。

图3-3　税法改革后企业所得税税率变化的频率分布直方图

率下降了18个百分点；另外还有近25%的公司名义税率未发生变化；而税率提高的公司只有不到20%，其中超过一半提高了3个百分点。综合上述结果，新税法实施后我国企业的适用税率明显下降。

3.1.3 "两税合一"与"与投资有关的税盾"的变化

"与投资有关的税盾"，是指与企业资本投资相关的税盾，例如，折旧的抵扣以及投资相关的税收抵免等。新税法在固定资产折旧政策方面进行了调整，使得企业可以使用的"与投资有关的税盾"增加；另外，新税法针对创业投资企业也有一定的投资税收优惠政策。

3.1.3.1 固定资产折旧

伴随市场竞争的加剧和技术的快速进步，固定资产的有效使用年限在逐渐缩短，客观上给企业经营增加了风险。税法允许企业以更短的时间、更快速的方法计提折旧，相当于国家给予企业一定时期的无息贷款，能够更好地扶持和培育企业。与过去执行的税制相比，2008年新税法在最低折旧年限、残值计算以及加速折旧条件等方面进行了调整。

1. 最低折旧年限

《企业所得税税前扣除办法》规定，固定资产计提折旧的最低年限如下：(1)房屋、建筑物为20年；(2)火车、轮船、机器、机械和其他生产设备为10年；(3)电子设备和火车、轮船以外的运输工具以及与生产经营有关的器具、工具、家具等为5年。2007年发布的《中华人民共和国企业所得税法实施条例》(国务院令〔2007〕第512号)进行了调整，规定固定资产计算折旧的最低年限如下：(1)房屋、建筑物，为20年；(2)飞机、火车、轮船、机器、机械和其他生产设备为10年；(3)与生产经营活动有关的器具、工具、家具等为5年；(4)飞机、火车、轮船以外的运输工具为4年；(5)电子设备为3年。税法改革前后折旧年限对比整理见表3-3：

表3-3 税法改革前后固定资产折旧最低年限对比

固定资产类型	税法改革前/年	税法改革后/年	变化情况
房屋、建筑物	20	20	无变化
火车、轮船、机器、机械和其他生产设备	10	10	无变化

续表

固定资产类型	税法改革前/年	税法改革后/年	变化情况
火车、轮船、飞机①以外的运输工具	5	4	缩短
电子设备②	—	3	缩短
与生产经营活动有关的器具、工具、家具	5	5	无变化

观察表3-3可知，新企业所得税法下，火车、轮船（飞机）以外的运输工具折旧的最低年限同样缩短，从原先的5年缩短为4年；其他固定资产折旧的最低年限未发生变化。

2. 加速折旧政策

新税法第三十二条规定："企业的固定资产由于技术进步等原因，确需加速折旧的，可以缩短折旧年限或者采取加速折旧的方法。"与旧税制相比，显著的区别在于强调"技术进步"也是选用加速折旧方法的条件之一。该变化反映了国家对企业新形势下设备使用的考量，强调因技术进步导致的固定资产无形损耗。这一变化有利于促进企业及时更新固定资产，提高市场竞争力。

除最低折旧年限和加速折旧政策的变化外，新税法还取消了对固定资产净残值的硬性规定。旧税法下，固定资产的净残值率统一为5%；而在新税法下，企业可以根据实际情况合理预计固定资产的净残值，但是一经确定，就不得随意变更。综合而言，新税法缩短了企业折旧最低年限，而且在加速折旧政策使用方面更富有弹性，客观上增加了企业可以使用的"与投资有关的税盾"。

3.1.3.2　创业投资企业投资税收抵免优惠

世界各国的经验表明，创业投资是实现资本市场与技术市场结合的重要机制。越来越多的国内外的创业投资企业在中国出现，截至目前已有较多的成功案例表明创业投资企业可以实现与被投资企业共赢。与此同时，创业投资企业还对于科技进步、产业发展以及转型升级等起到不可替代的纽带作用。创业投资作为一种独特的投资模式，风险较高，正因为此，各国政府对其都有一定的保障机制，其中税收优惠是被普遍采用的做法。

---

①② 税法改革前无飞机、电子设备2项。

"投资税收抵免"是指政府规定纳税人可从当期应纳税所得额中,享受扣除相当于投资额一定比例的优惠政策。这种税收优惠政策针对企业投资给予的税收抵扣,旨在通过税收优惠激励企业投资、引导企业投资方向。新企业所得税法第三十一条规定:"创业投资企业从事国家需要重点扶持和鼓励的创业投资,可以按投资额的一定比例抵扣应纳税所得额。"新税法实施条例里强调创业投资企业通过股权方式进行投资,并将被投资企业范围明确为未上市的中小高新技术企业,且投资期2年以上的,具体优惠政策为在持有满2年的当年抵扣投资额的70%;当年不足抵扣部分,可以向以后纳税年度结转。与原企业所得税税制相比,新企业所得税法不再针对外商投资企业再投资行为给予优惠,而是从创业投资发展角度出发,对创业投资的投资额给予一定比例抵免。此外,税法规定里仅指出被投资企业范围是"国家需要重点扶持和鼓励的",而并没有明确具体的适用范围,保持了税法的灵活性,目前实施条例里规定的是未上市的中小高新技术企业,今后根据国家产业政策的变动还可以做相应调整。

新税法反映了我国政府高度重视创业投资在经济发展与产业转型中的重要作用和地位。对于创业投资企业而言,投资的税收抵免优惠能够较大程度地减少企业的实际税收支出,降低企业的经营风险,也在一定程度上降低了企业的投资风险。从"非债务税盾"角度而言,创业投资企业的投资税收抵扣能够在投资后2年形成"与投资有关的税盾",依据前人的理论,也会对创业投资企业的资本结构产生一定影响。不过,由于创业投资企业的投资额无法从公开渠道获得,数据获取上存在一定的难度,这也限制了相关领域研究的开展。

3.2 计税工资制度变迁

3.2.1 "限额计税工资"制度产生的背景

计税工资是指计算应纳税所得额时,允许扣除的工资标准。《中华人民共和国企业所得税暂行条例实施细则》(财法字〔1994〕3号)第十一条首次[①]对"计税工资"进行了明确定义：计税工资是指计算应纳税所得额时，允许扣除的工资标准，包括企业以各种形式支付给职工的基本工资、浮动工资，各类补贴、津贴、奖金等。"限额计税工资"制度规定了企业可以抵扣的工资薪金限额，超过限额外的工资薪金支出不允许抵扣，实质上是对超出限额部分进行双重征税：一方面，由于超过限额的工资薪金支出在企业所得税前不可以抵扣，因而企业需要为该部分工资薪金"支付"企业所得税；另一方面，个人在获得这些工资薪金时需要缴纳个人所得税，因而这部分支出被双重征税。与限额内工资薪金支出相比，该部分支出在企业层面需要缴纳企业所得税，实质上可以理解为企业需要为支付超过限额的工资缴纳"奢侈税"，这在客观上额外增加了企业的税收负担。"限额计税工资"制度产生的于经济转型的特定历史环境下，制度产生的初衷包括如下两个方面：

一方面，在于抑制国营企业过多发放工资，确保企业利润稳定增长(吴秀茹，1995)。1978年改革开放以后，国营企业收入分配体制历经利润留成、利润包干、利改税和承包经营责任制等多次改革。随着国营企业收入分配体制的不断改变，归企业自主支配的企业留利不断增多，对职工发放的奖金也不断增多(戴园晨和黎汉明，1988)；与此同时，随着企业自主权的扩大，"内部人控制"[②]现象日益严重，表现为乱发工资和奖金、乱提职工福利(钱颖一，1995)。两方面因素共同作用，最终形成了"工资侵蚀利润"[③]的现象(戴园晨和黎汉明，1988)。为抑制这一现象，财政部明确规定了国营企业不可以抵扣的工资

---

① 尽管1994年之前实施的《中华人民共和国国营企业所得税条例(草案)》《中华人民共和国集体企业所得税暂行条例》《中华人民共和国私营企业所得税暂行条例》和相关的实施细则中已经体现了"计税工资"的概念，但是直到1993年底发布的《中华人民共和国企业所得税暂行条例》中才首次明确提出"计税工资"这一概念，并在《中华人民共和国企业所得税暂行条例实施细则》中予以阐释。本书中提到的"计税工资"制度特指中国对于企业所得税工资薪金支出允许限额扣除的政策。

② "内部人控制"理论认为掌握了大部分控制权的企业经理人员与职工合谋，利用委托人的授权在企业决策中追求自身利益的最大化，从而导致委托人权益的受损(青木昌彦和钱颖一，1995)。

③ "工资侵蚀利润"现象意指在企业收入分配向职工个人方向倾斜(戴园晨和陈彦玲，1990)。据资料分析，全民所有制企业的工资利润率1985年为159%，1989年将至109%，同量工资支出带来的实现利税减少了三分之一(徐海波，1992)。

薪金。《中华人民共和国国营企业所得税条例（草案）实施细则》第十一条规定："纳税人在计算应纳税所得额时，下列各项支出，不得计入成本、费用、营业外支出：……。二、应在企业留用利润中开支的工资、津贴、补贴、发放的实物和奖金，……"

另一方面，通过限制企业税前可以抵扣的工资薪金额度，可以抑制企业通过工资薪金的避税行为[①]，以达到保障税基、促进税收增长的目的。除了上文提到的国营企业所得税条例外，集体企业和私营企业所得税条例同样都对工资抵扣额进行了限制。《中华人民共和国集体企业所得税暂行条例施行细则》（财税〔1985〕192号）第十二条规定："纳税人在计算应纳税所得额时，不得扣除下列项目：……。三、应在企业缴纳所得税后的利润中开支的工资、津贴、补贴、发放的实物和奖金，……"《中华人民共和国私营企业所得税暂行条例施行细则》（财税〔1988〕257号）第九条规定："纳税人在计算应纳税所得额时，不得扣除下列项目：……。三、超过税务部门核定工资（包括各种奖金、补贴、津贴、加班费）的部分；……"上述这些规定针对的都是内资企业，外商投资企业和外国企业并不适用[②]。

3.2.2 税制改革与"限额计税工资"制度

1993年年底，国务院颁布了《中华人民共和国企业所得税暂行条例》，该条例仅适应于内资企业，从1994年1月1日开始实施。自此中华人民共和国统一的内资企业所得税税制度开始实施，执行至2007年12月31日。2007年3月16日，全国人大审议通过了《中华人民共和国企业所得税法》，新税法统一了内外资企业所得税，自2008年1月1日开始实施。

在2008年新税法实施以前，内资企业工资的计税工资扣除办法大体可以

---

① 通过递延报酬、跨期转移以及改变报酬构成等手段可以有效地实现税收筹划的目的（Huddart，1998；Austin et al.，1998等）。

② 外商投资企业和外国企业适用于《中华人民共和国外商投资企业和外国企业所得税法》和《中华人民共和国外商投资企业和外国企业所得税法实施条例》。外商投资企业和外国企业的工资薪金支出并不存在限额扣除的问题，因此外商投资企业和外国企业不构成论文的研究对象。

分为以下三种类型[①]：(1)限额扣除办法：规定企业员工每人每月最高可扣除的限额，限额以内部分可以据实扣除，超过标准部分不得在税前扣除；(2)"工效挂钩"计税工资办法：经有关部门批准，企业工资总额的增长幅度低于经济效益的增长幅度，职工平均工资的增长幅度低于劳动生产率增长幅度以内的实际发放的工资，在计算应纳税所得额时准予扣除；(3)工资据实扣除办法：软件开发企业、集成电路生产企业实际发放的工资总额，在计算应纳税所得额时准予据实扣除（财税〔1999〕273号和财税〔2000〕25号）。由于"工效挂钩"企业实际可以税前扣除的工资水平无法从公开途径获得，此外软件开发企业、集成电路生产企业并不存在限额扣除的问题，因此本书只研究执行限额扣除办法的企业，即上文中的第(1)类企业。

1994年开始执行的内资企业所得税税制度确定的计税工资月扣除最高限额为500元/人，此后限额标准发生了数次变化。我国执行的定额扣除标准包括如下几个阶段（见表3-4）：

表3-4 计税工资扣除限额标准变化

阶段	期间	扣除限额标准/[元/(人·月)]	来源
阶段1	1994-01-01—1995-12-31	500	财税字〔1994〕9号
阶段2	1996-01-01—1999-12-31	550	财税字〔1996〕43号
阶段3	2000-01-01—2006-06-30	800	财税字〔1999〕258号
阶段4	2006-07-01—2007-12-31	1600	财税〔2006〕126号
阶段5	2008-01-01至今	据实扣除[a]	国务院令〔2007〕512号

注：a.2008年以后，国有性质的企业仍然并不能完全据实扣除，其可以扣除的限额不能超过政府有关部门给予的限定数额，超过部分不得在计算企业应纳税所得额时扣除。

第1阶段为1994年到1995年，该期间计税工资扣除限额标准为500元/(人·月)（财税字〔1994〕9号）；第2阶段为1996年到1999年，该期间计税工资扣除限额标准为550元/(人·月)（财税字〔1996〕43号）；第3阶段为

[①] 引自《调整内资企业计税工资政策，促进企业公平竞争——国家税务总局有关负责人就内资企业计税工资政策调整答记者问》。原文还包括事业单位的计税工资政策，本书的研究样本为上市公司，故不列示事业单位的相关政策。

2000年到2006年第二季度，计税工资扣除限额标准提高到800元/(人·月)（财税字〔1999〕258号）；第4阶段为2006年第三季度至2007年，计税工资扣除限额标准进一步提高到1 600元/(人·月)（财税〔2006〕126号）；2008年以后不再实行限额扣除政策，所有企业均可以据实扣除（具体可参见图3-4）。

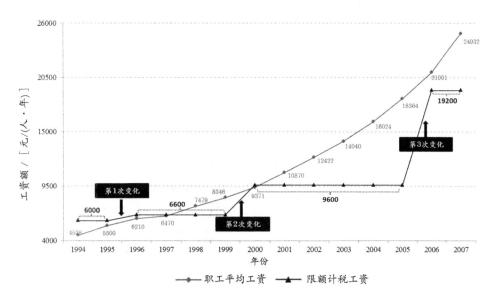

图3-4 限额扣除标准与职工年平均工资变化图

本书选取2005—2007年三年间的样本数据研究工资税盾与债务水平之间的关系，选取2006年的定额扣除标准变化研究计税工资扣除限额标准变化与资本结构调整之间的关系。之所以选择这一次政策变化作为研究时点，主要基于如下几个原因：(1)无论是从标准变化的绝对量，还是从标准变化的比例，该次限额扣除标准变化都是历年来变化最大的一次[①]；(2)从企业享受标准变化带来税盾增加的程度来看，2006年的扣除政策变化程度同样是历年来

---

① 在此不考虑2008年以后的变化，主要因为2008年以后实际发放给员工的工资薪金支出与1 600元相比究竟多出多少，限于会计报表披露的局限很难做出判断，这也是本书不选取2008年政策变化作为研究时点的一个原因。

中最大的[①]：1995年的职工年平均工资为5 500元，低于6 000元/(人·年)的扣除标准，1996年标准变化后的职工年平均工资为6 210元，低于变化后的6 600元/(人·年)的扣除标准，可见1996年标准变化后企业并不能充分享受限额提高后带来的税盾；1999年的职工年平均工资为8 346元，高于当年的扣除标准6 600元/(人·年)，2000年标准变化后的职工年平均工资为9 371元，低于变化后的扣除标准9 600元/(人·年)，可见2000年标准变化后企业并不能充分享受计税工资扣除限额提高带来的税盾；2005年的职工年平均工资为18 364元，远高于当年的扣除标准9 600元/(人·年)，2006年标准变化后的职工年平均工资为21 001元，同样高于变化后的扣除标准19 200元/(人·年)，可见2006年标准变化后企业能完全享受计税工资扣除限额提高带来的税盾，即企业享受标准变化带来的税盾增加的程度最高。(3)2008年施行的新税法虽然将计税工资制度取消了，这一变化对企业的影响似乎也非常大，但是2008年的新税法改革还涉及其他多个方面，如固定资产抵扣政策、研发支出加计扣除政策变化以及税率变化等，其他政策的变化无疑会对研究工资税盾与债务水平之间的关系带来研究上的噪音。综合上述这些因素，本书选取2006年的计税工资扣除限额标准变化作为研究事件。

3.3 研究开发支出税收优惠政策

3.3.1 研究开发支出税收优惠的必要性

科技创新是第一生产力，是企业发展的重要动力，各国政府都高度重视技

---

① 计税工资扣除限额标准规定的是企业可以抵扣的最高限额，因此如果企业实际上支付给员工的工资没有超过限额，则提高限额对企业的税前可抵扣额没有任何影响。例如，某企业支付给所有员工的工资都为400元/(人·年)(此假设为简单起见，实际中不太可能出现这样的情况)，当计税工资扣除限额标准从500元/(人·年)提高到550元/(人·年)时，企业税前可抵扣的工资并不会发生变化，仍然为400元/(人·年)。在判断企业享受税前扣除标准变化带来的税盾增加的程度时，必须要考虑工资薪金的实际支付水平，为了分析简单起见，我们选取职工年平均工资作为参照(数据来源于CCER中国经济金融数据库)。

术创新的重要作用。由于企业是技术创新的主体,因而政府往往通过各种手段引导和激励企业加大研发投入,这是由技术创新的重要价值和其自身特点两方面因素共同决定的。

3.3.1.1 技术创新与经济增长

亚当·斯密早在他的著作《国民财富的性质与原因的研究》中,就曾论述了科学技术进步对经济发展的重要作用:"国家的富裕在于分工,而分工之所以有助于经济增长,一个重要的原因是它有助于某些机械的发明,这些发明将减少生产中劳动的投入,提高劳动生产率。"熊彼特在1912年的著作《经济发展理论》中也提出经济增长的主要源泉不是资本和劳动力,而是技术创新。科学技术对经济增长的贡献,主要体现在促使经济增长方式转变和促进产业结构调整、升级两个方面:其一,单纯依靠劳动力和资本的经济增长方式往往出现在一个国家经济刚开始发展的阶段,经济增长方式较为粗犷。但是随着生产力的发展,规模报酬开始递减,边际收益也会减少,进而使得经济增长放缓。此时,技术创新起着决定性作用,技术创新不仅能够带来新的投资机会,还能够提高生产的规模效应,从而使得经济能够更快地增长。其二,科技创新还能够促进产业的形成、分解和新兴产业的诞生。师萍和郭杰(2010)总结认为,科学技术不仅孕育和加速了新产业的形成和发展,还能够改变产业间的投入产出关系,引起产业结构变动;另外,科学技术还直接决定了需求结构和国际竞争格局,从而影响产业的发展和促进产业结构的变动。

3.3.1.2 研究开发支出的特性

研发投入对经济增长的贡献并不是政府激励的全部原因。理论研究表明,研发投入存在"市场失灵"的现象,而这是由于研发投入所具有的公共产品的特性、外部性以及不确定性等引起的。首先,研发投入的产出具有公共产品的性质,Arrow(1962)指出,研究开发是生产技术性知识或者信息的活动,而信息具有"公共产品"(Public Good)的特质,因此会反过来使得企业减少研发投入;其次,研发活动具有较强的"溢出效应"(Spillover Effect),Jones和Williams(1998)通过一项实证研究表明,研发活动能产生三种溢出效应,包括研发人员流动使竞争对手获益、促使原有产品过时以及跨期溢出效应,而研究结果也表明溢出效应产生的社会效益往往是研发支出产生的企业效益的数倍,这种外部性也会导致研发活动出现"市场失灵",使得社会资源的低配置效率低下;最后,研发支出活动还具有较大的不确定性,包括技术方面、收益方面以及制度环境方面的不确定性,这些不确定性使得研发投入具有较大的风险。

由于技术创新在国家经济发展中的重要地位,再加上研发活动容易出现"市场失灵"的现象,因此政府有必要通过各种手段引导和激励企业加大研发投入,使得企业研发活动的直接成本和风险能够降低,从而实现经济增长和产业转型升级的目标。

3.3.2 研究开发支出税收优惠政策

我国政府自20世纪80年代以来,一直高度重视科学和技术创新在经济发展和国家战略中的重要地位和作用。近些年来,更是在多种形式的国家规划中体现和突出科技创新的地位:2006年,国务院发布《关于印发实施〈国家中长期科学和技术发展规划纲要(2006—2020年)〉若干配套政策的通知》,其中专设了8条规定,对税收激励政策加以补充、说明;2010年,中国共产党第十七届中央委员会第五次全体会议通过的《中共中央关于制定国民经济和社会发展第十二个五年规划的建议》更是将科技创新作为重要的战略内容。

我国先后出台了一系列关于鼓励企业加大技术开发的税收优惠政策,其中最具有代表性的是技术开发费的加计扣除,该项政策实施时间较长,并且经过多次调整和修订:

自1999年1月1日起,根据《企业技术开发费税前扣除管理办法》的规定,纳税人当年发生的技术开发费较上年实际增长10%(含10%)以上的,经税务机关审核批准,允许再按技术开发费实际发生额的50%,抵扣当年度的应纳税所得额。

2006年,为贯彻实施《国家中长期科学和技术发展规划纲要(2006—2020年)》,根据《国务院关于印发实施〈国家中长期科学和技术发展规划纲要(2006—2020年)〉若干配套政策的通知》的有关规定,财政部、国家税务总局发布了《关于企业技术创新有关企业所得税优惠政策的通知》(财税〔2006〕88号)。该通知对1999年的技术开发费优惠政策条件进行了修改,不再要求"纳税人发生的技术开发费比上年实际增长10%(含10%)以上",另外,通知也明确了技术开发费的列支项目:新产品设计费,工艺规程制定费,设备调整费,原材料和半成品的试制费,技术图书资料费,未纳入国家计划的中间实验费,研究机构人员的工资,用于研究开发的仪器、设备的折旧,委托其他单位和个人进行科研试制的费用,与新产品的试制和技术研究直接相关的其他费用等。该通知从2006年1月1日起执行。

2007年3月16日,第十届全国人大第五次会议审议通过的《中华人民共和国企业所得税法》对研发费用企业所得税优惠重新进行了规定,并在《中华人民共和国企业所得税实施条例》里具体规定了税收优惠的范围和办法:"企业所得税法第三十条第(一)项所称研究开发费用的加计扣除,是指企业为开发新技术、新产品、新工艺发生的研究开发费用,未形成无形资产计入当期损益的,在按照规定据实扣除的基础上,按照研究开发费用的50%加计扣除;形成无形资产的,按照无形资产成本的150%摊销。"与过去的政策相比,新税法对形成无形资产的研发费用税收优惠政策做了具体规定。

除研发费用加计扣除优惠政策外,2008年起实施的新《企业所得税法》还针对国家需要重点扶持的高新技术企业减按15%的税率征收企业所得税,对于规划布局内的重点软件企业更是采用10%的企业所得税税率。另外,对于先进技术推广和应用,新税法也规定在同一纳税年度,居民企业转让所得不超过500万元的部分,免征企业所得税;超过500万元的部分,减半征收企业所得税。

对于企业而言,研发费用的企业所得税优惠政策降低了企业的实际税负,降低了研发活动的直接成本和风险。同时,技术开发费加计扣除的税收优惠还构成了企业重要的"非债务税盾",进而影响企业外部债务融资的需求。

第4章 税率变化、债务税盾与资本结构

自美国学者Miller和Modigliani（1958）提出理想条件下资本结构无关论以来，关于资本结构理论的研究成果十分丰富，但是对资本结构问题的研究至今仍无令人满意的结论，特别是基于企业所得税的资本结构理论更是学者们争论和关注的焦点。企业所得税与资本结构关系的经验研究，至今仍没有得到一致的结论（Givoly et al.，1992）。此外，不同国家的制度安排和金融市场乃至金融体系可能存在本质差异，这些差异可能导致资本结构理论不能简单地"出口"到别的国家，尤其是发展中国家和经济转型国家（Myers，2003）。正是由于上述这些因素的存在，结合国内特有的制度背景研究企业所得税与资本结构的关系便显得尤为重要。在对企业所得税与资本结构之间的关系的研究中，碰到的基本问题是很难控制其他干扰因素对这些问题的影响。资本结构的形成及变化受到很多因素的影响，比如代理成本、破产成本等等。如何控制其他因素的影响便成为研究企业所得税与资本结构关系的关键。由于税法的外生性变化能够极大地控制其他因素的影响，所以国外相关研究主要围绕企业所得税改革后展开，如美国1986年税制改革后产生了大量的相关研究。国内企业所得税改革为检验国外资本结构理论在中国的适用性提供了机会，同时也为发展"本土化"的资本结构理论提供了契机。

2007年3月16日，第十届全国人民代表大会第五次会议审议通过了《中华人民共和国企业所得税法》。新的《企业所得税法》很大程度上改变了我国的企业所得税（下文简称所得税）税收制度。新税法不仅调整了企业的法定所得税率，同时，也改变了企业除利息外税前扣除项目——"与投资有关的税盾"的政策，如固定资产折旧政策等。与国外所得税改革相比，中国所得税改革不仅使得部分企业的税率提高，同时也使得部分企业的税率降低；除此之

外,企业所得税改革还包括了其他的税收抵扣抵免政策的变化,这些变化都给所得税与资本结构关系的研究提供了西方成熟市场经济国家难以获得的研究契机。企业所得税改革前后,企业的资本结构是否发生了变化呢?如果资本结构发生了变化,这种变化是否是由企业所得税改革本身所引起的?企业的"税收耗损状态"会调节税率变化的影响,那么税改后资本结构的变化会受到"税收耗损状态"的影响吗?由于所得税改革既涉及税率的变化,又涉及抵扣抵免政策的变化,那么资本结构的变化是否受到这些因素的影响呢?国外学者研究发现,企业的边际税率和"与投资有关的税盾"水平都会对企业资本结构的变化产生影响(Givoly et al., 1992;DeAngelo and Masulis, 1980)。西方资本结构理论预期对中国企业适用吗?在中国特有的制度环境下,政府对国有企业具有行政上的"超强控制"和产权上的"超弱控制"(何浚,1998),这可能会影响国有企业的税收筹划行为,进而影响企业的资本结构决策行为。那么不同的产权性质是否会对资本结构变化产生不同的影响呢?对这些问题的研究不仅可以发现中国企业所得税改革对资本结构的影响,而且也可以丰富西方企业所得税与资本结构相关领域的理论文献。

本章内容安排如下:第1节结合中国的制度背景进行理论分析,提出研究假设;第2节为研究设计,包括样本选择、研究模型与变量设计;第3节为实证研究结果及解释;第4节是对研究结论的稳健性检验;第5节对本章的研究结论进行了概括和小结。

4.1 理论分析与研究假设

4.1.1 债务税盾与资本结构关系:基于企业所得税改革的分析

税率与资本结构关系的理论可以从MM理论(Modigliani and Miller, 1958;Modigliani and Miller, 1963)出发予以延伸,本章基于MM理论的基本分析框架分析税率变化与资本结构的关系。

假设有两家企业:一家企业U无负债,权益的市场价值为S_U;另一家企业L有负债,负债的市场价值为B_L,权益的市场价值为S_L。两家企业适用的企业所得税税率都为τ。此外，负债经营企业借款的利息率为r，破产成本函数$G=G(B_L)>0$，其中B_L为企业的债务水平，破产成本与债务水平存在如下关系：$G'(B_L)>0$，$G''(B_L)>0$，即破产成本随债务比例的增加，以递增的方式增加[①]。

依据Modigliani和Miller（1963）的推论，在不考虑破产成本的情况下，无负债经营企业的价值与负债经营企业的价值关系如式（4-1）：

$$V_L = V_U + \tau B_L \qquad (4\text{-}1)$$

在考虑负债经营企业破产成本的情况下，负债经营企业的价值变为式（4-2）：

$$V_L = V_U + \tau B_L - G(B_L) \qquad (4\text{-}2)$$

假设破产成本函数$G(B_L)=g(\cdot)B_L^2$，其中$g(\cdot)>0$，式（4-2）满足前文提到的两个假定，即破产成本随债务比例的增加呈递增趋势[②]。基于此，负债经营企业的价值变为式（4-3）的形式：

$$V_L = V_U + \tau B_L - g(\cdot)B_L^2 \qquad (4\text{-}3)$$

因此，在考虑破产成本的情况下，负债经营企业的最优资本结构为：

$$B_L^* = \frac{\tau}{2g(\cdot)} \qquad (4\text{-}4)$$

由式（4-4）可知，当税率发生变化时，最优资本结构也会发生变化。并且由于$\frac{\partial B_L^*}{\partial \tau} = \frac{1}{2g(\cdot)} > 0$，因此税率变化与最优资本结构变化正相关。即当税率提高时，最优债务水平提高；当税率降低时，最优债务水平降低。

图4-1反映了税率变化对企业价值的影响，横轴为企业的债务比例，用来衡量债务水平，纵轴为企业价值。如图4-1中所示，直线V_U为无负债经营企业的价值线，由于并没有负债，因而在图中为一条水平的直线。V_L为负债经营

[①] 该假定符合之前学者的假定。如Myers（1984）在《资本结构之谜》（*Capital Structure Puzzle*）一文中也是做如此假定，除此之外，Baxter（1967）等也都做如此假定。

[②] 此处假设破产成本是债务水平的"二次方项"，并且不对"二次方项"的系数做假定。设定为"二次方项"主要是便于后文的图形呈现，改为"三次方项"并不会对本书的研究结论产生影响。

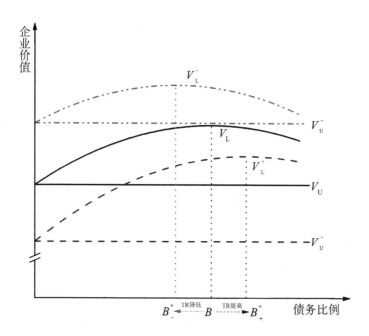

图 4-1 税率变化与最优资本结构

企业的价值曲线,受到企业债务税盾价值和破产成本两方面因素的影响[①]。V_L 线开始随债务水平增加而提高,表明在债务比例较低时,债务的税盾价值效应要高于其带来的破产风险;但是,随着债务比例的进一步提高,破产成本递增,进而使得债务税盾净价值(扣除破产成本)逐渐降低,直至债务的税盾价值低于破产成本。债务税盾价值与破产成本相等时的债务比例为最优资本结构水平,即图中的 B^* 点。当企业所得税税率降低时,一方面,无负债经营企业的未来现金流会增加,进而使得无负债经营企业的价值提高,如图中从 V_U 变为 V_U^-;另一方面,由于税率降低使得债务的税盾价值降低,如负债经营企业的价值曲线的斜率减小。在两方面效应的共同作用下,负债经营企业的价值曲线由 V_L 变为 V_L^-,相应地,负债经营企业的最优资本结构从 B^* 左移至 B_-^*。当税率提高时,同时受到税收减少和债务税盾价值增加两方面的影响,负债经营

---

① 尽管在后续学者的文献中,债务不仅具有"税盾价值",而且还与代理成本相关,比如 Jensen 和 Meckling(1976)对此有详尽的论述。不过,此处为了清晰地呈现结果,只考虑破产成本这一因素,因为无论是从分析的充分性角度,还是从与后文实证检验呼应(代理成本等都有控制)的角度,考虑这两种因素与考虑其他因素得到的税收视角的结论是一致的。

企业的价值曲线由 V_L 变为 V_L^+,最优债务比例则从 B^* 右移至 B_+^* 处。

企业所得税改革后,内外资企业的法定税率得到了统一。2008年之前,国内企业大体上可以分为两类:一类是税率为33%的企业,税制改革后该类企业的税率将降低到25%;另一类是税率为15%的企业,主要包括外商投资企业以及其他享受地区、产业优惠政策的企业。根据全国人大在2007年3月16日审议通过的《中华人民共和国企业所得税法》的规定,大部分原先享受企业所得税优惠的企业将获得五年的缓冲期,所得税率由15%逐渐提高到25%,五年内的税率分别为18%、20%、22%、24%、25%,税制改革后的第一年这些企业的税率将提高到18%。[1] 剔除其他因素影响,单从税率角度来看,改革后税率降低企业的实际税率下降,债务的税盾效应减少,企业的借债积极性与税法改革前相比将下降,企业的债务水平将会降低;与此相反,改革后税率提高企业的实际税率提高,债务的税盾效应增加,企业的借债积极性与税法改革前相比将提高,债务水平将会提高。除了统一企业所得税税率之外,企业所得税改革还改变了企业"与投资有关的税盾"的使用空间,企业所得税改革中涉及"与投资有关的税盾"变化的折旧方面的内容主要包括:①飞机、火车、轮船以外的运输工具折旧年限改为4年,改革前的折旧年限为5年;②企业固定资产因技术进步等原因,确需要加速折旧的,可以缩短折旧年限或者采取加速折旧的方法,而在旧税法中,内资企业对缩短折旧年限或采取加速折旧的需报税务机关批准备案;③企业可以合理预计固定资产的净残值,预计净残值一经确定,不得变更,而在旧税法中,残值率统一为5%;④研发费用按150%加计扣除,而在旧税法中是据实扣除,增长幅度超过10%的,可以再扣除50%。总体来看,企业获得了更多使用"与投资有关的税盾"的空间。为了准确考察税率

---

[1] 另外,部分企业仍将执行优惠政策:(1)2007年3月16日通过的《中华人民共和国企业所得税法》第四章第二十八条中提到的"国家需要重点扶持的高新技术企业,减按15%的税率征收企业所得税";(2)上述法律的第八章第五十七条中提到的"享受定期减免税优惠的,按照国务院规定,可以在本法施行后继续享受到期满为止,但因未获利而尚未享受优惠的,优惠期限从本法施行年度起计算",比如2008年之前享受"两免三减半""五免五减半"等定期减免税优惠的企业;(3)根据国务院实施西部大开发有关文件精神,财政部、税务总局和海关总署联合下发的《财政部、国家税务总局、海关总署关于西部大开发税收优惠政策问题的通知》(财税〔2001〕202号)中的规定,西部大开发地区企业所得税优惠政策将继续执行。

变化带来的影响，还需控制"与投资有关的税盾"使用空间的增加对资本结构的影响。根据 DeAngelo 和 Masulis（1980）提出的"替代效应"假说，税法改革使得"与投资有关的税盾"的使用空间增加，这将使得企业的债务水平降低。此外，依据 Dammon 和 Senbet（1988）提出的"收入效应"假说，企业可以使用的"与投资有关的税盾"空间增加将促进企业的资本资产投资，进而增加企业的债务融资需求。国内学者彭程和刘星（2007）的研究也发现了"收入效应"的存在。

基于上述分析提出如下假设：

假设 4-1：在控制其他因素影响的条件下，税率降低企业由于债务税盾价值下降而将降低债务水平，税率提高企业由于债务税盾价值上升而将提高债务水平，并且两类企业债务水平变化之间存在显著差异。

4.1.2 债务税盾与资本结构关系：基于税收耗损状态的进一步分析

前文的理论分析表明企业的税率变化会影响企业债务税盾的价值，债务税盾价值变化会影响公司的价值函数，进而使得最优债务水平发生变化。依据预期，企业所得税改革以后法定税率变化与资本结构变化正相关，即税率提高的企业增加债务水平，税率降低的企业减少负债。MacKie-Mason（1990）在分析"与投资有关的税盾"与资本结构的关系时认为，当企业越接近"税收耗损状态"，"与投资有关的税盾"的增加越有可能使得企业的边际税率下降，进而使得债务的税盾价值降低，企业将减少债务。不过，在分析企业法定税率变化时，"税收耗损状态"的影响与此有所不同。

企业所得税改革之前，企业越接近"税收耗损状态"，税率对企业的实际影响越小。例如，假设企业 A 在 2006 年发生亏损，当期的应纳税所得额非正，那么 2006 年适用税率的不同并不会影响当期应当缴纳的企业所得税额（因为都为 0）。由于企业在税收扣除、税收抵免以及经营状况等方面存在差异，因而即使法定税率相同，企业的实际税率也有可能存在差异（吴联生和李辰，2007；Porcano，1986；王延明，2002）。Givoly 等（1992）认为法定税率变化对实际有效税率不同的企业的影响存在差异，实际有效税率高的企业受到法定税率变化的影响更大：对于税率降低的企业而言，企业所得税改革前实际税率越高的企业,改革后税率降低的幅度越大,因而债务水平降低幅度越大;相反,对于税率提高的企业而言,企业所得税改革前实际税率越高的企业,改革后税率提高的幅度越大,因而债务水平提高幅度越大。综合上述分析,提出如下假设:

假设4-2:在控制其他因素影响的条件下,由于接近"税收耗损状态"的企业受到法定税率变化的影响较小,因此税率提高(降低)后,接近"税收耗损状态"的企业提高(降低)债务的幅度会小于偏离"税收耗损状态"的企业。

4.1.3　债务税盾与资本结构关系:基于产权性质的进一步分析

从委托代理关系的角度,国有企业与非国有企业之间存在很大的差异,这也带来两类企业税收筹划激进程度的不同:(1)从企业委托人(股东)角度来看,国有企业控股股东既是企业的所有者,又是企业税收的受益者,因此企业税收收益和利润收益的受益者都是国家。从本质上讲,利润与税收对于政府而言没有区别,都是国家财富的增加。而非国有企业不同,非国有企业与政府之间在税收上存在着利益分配的问题,客观上造成了委托人对非国有企业与国有企业税收筹划要求的不同。此外,国有股权的存在,为政府干预企业提供了途径(Spiller,1990;Shleifer and Vishny,1998),而政府干预常会带来政府目标与企业目标之间的冲突。一方面,作为企业的控股股东,伴随着企业价值最大化的实现,政府将从企业价值最大化中获益。但是另一方面,政府承担着其他的社会目标,比如经济发展和社会稳定等。为了达成这些目标,政府往往需要国有企业的参与,比如政府需要国有企业在税收支付、就业等方面给予支持以保障社会目标的达成。这些目标的实现往往需要国有企业牺牲自身利益,这也就导致国有企业在进行决策时很多时候会放弃企业价值最大化的目标。由于国有企业还有其他社会目标,这在客观上就要求国有企业较少地进行税收筹划,相反还应该积极纳税以保障财政收入的稳定。与国有企业相比,非国有企业旨在实现企业价值最大化,因而其降低税负的可能性要高于国有企业。国内学者吴联生(2009)研究发现,在名义税率相同的情况下,国有股权比例越高,企业所得税负担越重,该结论也支持了这一理论。(2)从企业代理人(管理者)角度来看,国有企业管理者的身份通常带有很强的行政色彩,而非国有企业的管理者往往就是企业的大股东,二者身份上的差异使得两类企业在税收筹划行为上有很大不同。政府对国有企业具有行政上的"超强控制"

(何浚,1998),国有企业管理者背负着大量的行政职责,对外披露的财务报告利润是其"政绩"的重要表现方式,直接关系到企业管理者的升迁。除此之外,国有企业委托人和代理人之间存在非常严重的信息不对称性。而在非国有企业中,企业管理者往往也是企业的大股东,信息不对称程度要比国有企业小很多,另外管理者自身的经济利益也与公司价值最大化的目标密切相关。依据Scholes等(2005)的有效税务筹划理论,国有企业管理者进行税收筹划时面临着更高的财务报告成本[1],而相反非国有企业面对的财务报告成本要低很多。综合以上分析,我们认为国有企业较之非国有企业,其税收筹划行为更为保守,郑红霞和韩梅芳(2008)的研究也支持了该观点。

企业所得税改革既包括税率降低企业,同时也包括税率提高企业。由于两类企业税率变化方向存在差异,因而两类企业的税收筹划行为也存在差异。从债务税收筹划的角度来看,改革后税率降低企业的实际税率下降,债务的税后成本提高,企业将减少债务水平;与此相反,改革后税率提高企业的实际税率提高,债务的税后成本降低,企业将提高债务水平。依据上文分析,与国有企业相比,非国有企业更为重视税收成本,税收筹划行为应更为激进。如果从企业应对税法改革角度分析,非国有企业对税法改革带来的"债务税盾"价值变化将更为敏感,即更有可能对资本结构进行相应的调整。对于税率降低企业,改革后债务带来的"税盾价值"将减少,非国有企业由于更重视债务的税后成本,所以将降低债务水平,并且降低幅度会大于国有企业;对于税率提高企业,改革后债务带来的"税盾价值"提高,非国有企业将提高债务水平,并且提高幅度会大于国有企业。综合以上分析,我们提出如下假设:

假设4-3:在控制其他因素影响的条件下,由于国有企业"债务税盾"的敏感性低于非国有企业,因此税率提高(降低)后,国有企业提高(降低)债务的幅度会小于非国有企业。

本书研究问题的逻辑框架如图4-2所示:

---

[1] 由于管理者与外部投资者(股东与债权人)之间的信息不对称,外部投资者很难判断企业利润下降的真实原因是税收筹划,还是经理人的经营不善,因此在信息不对称比较严重的情况下,税收筹划可能导致外部投资者对企业业绩做出错误的评价,即提高了企业的财务报告成本。

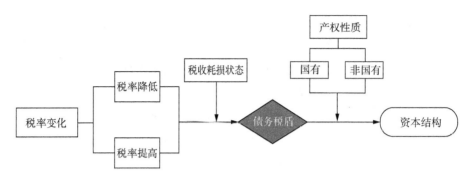

图 4-2 产权性质、"债务税盾"与资本结构关系分析框架

4.2 研究设计

4.2.1 样本选择

4.2.1.1 样本期

新税法于 2007 年 3 月 16 日通过,并从 2008 年 1 月 1 日起施行。新税法通过的 2007 年,由于新税法尚未实施,相应的税率、税收优惠条款还未对企业的所得税产生实质影响,因此企业的资本结构可能不会做出调整。但企业 2007 年的财务报告又包含了改革法案颁布后的信息,因此 2007 年的样本也可能包含了改革的影响因素,如国内学者研究发现上市公司在实施新《企业所得税法》前就未雨绸缪,运用盈余管理来降低企业按新税法应承担的税负。因此 2007 年可能是一个掺杂所得税改革前后影响因素的混合结果,基于这一原因,本书未将 2007 年作为研究使用的样本年份。

为了对比改革前后资本结构的变化情况,研究将样本分为改革前和改革后两个样本观察期:(1)改革前作为控制样本年份,由于新税法于 2007 年 3 月 9 日提交全国人大审议,在这之前,企业还无从获知税改的具体条款及其影响,也就无法因为即将发生的税改而调整资本结构,因而我们选择新税法通过前的 2006 年作为控制样本年份。(2)改革后的观察期我们以新税法实施的 2008 年作为对象。

4.2.1.2 样本筛选

为了检验上述假设,本书选取A股上市公司作为研究对象。截至2009年8月底,A股共有上市公司1615家,在此基础上,执行如下筛选程序:(1)剔除金融类上市公司,共30家。金融类上市公司由于资本结构和财务状况与其他企业存在很大差异,因而将金融类上市公司剔除。(2)剔除在2002年以后首发上市以及财务数据不全的企业,共521家,由于这些企业研究所需的数据不全,所以将其剔除。(3)剔除改革前(2006年)应纳税所得非正的企业,共119家。Cordes和Sheffrin认为当企业的应纳税所得额为非正时,额外的债务不能提供更多的税收抵扣,因此缺乏增加债务的动力。MacKie-Mason(1990)也认为如果一家企业的应纳税所得额为0,则利息抵扣的边际税率为0,企业处于"税收耗尽状态"(Tax Exhaustion),即企业不能因增加负债带来税收减少,因而也就不存在债务发行的税收激励。(4)剔除无法判断税率提高还是降低的企业,共462家,这些企业由于年报披露的信息有限以及合并报表既包含税率提高又包含税率降低的母公司或子公司,这些企业的综合税率变化方向难以确定,因而将其剔除。(5)剔除2006年净资本资产投资与有息债务为0的企业,共33家。Elnaggar(1996)认为净投资增量和带息债务为0的企业很可能为新企业或处于特定状态的企业,会限制企业对所得税改革的充分反应。因此这一类样本会对结果产生噪音,因此应当剔除。(6)剔除合并报表包含的税率提高和税率不变企业、税率降低和税率不变企业以及税率不变企业,共200家。因为本书研究的是税率提高和降低最为明显的两类企业,因而将其剔除。经过上述步骤之后,确定最终样本为250家,其中税率降低企业211家,税率提高企业39家。样本公司的分布情况如表4-1所示:

表 4-1 样本企业分布

A组:样本企业分布情况:	数量/家	百分比/%
全样本	250	100
依据税率变化类型分类:		
税率降低企业	211	84.4
税率提高企业	39	15.6
依据产权性质分类:		
国有企业	165	66.0
非国有企业	85	34.0

续表

B 组：税率降低（提高）企业产权性质分布情况：

	数量/家	百分比/%
税率降低企业：	211	100
国有企业	140	66.4
非国有企业	71	33.6
税率提高企业：	39	100
国有企业	25	64.1
非国有企业	14	35.9

4.2.2 模型与变量

为了检验本书提出的 3 个假设，借鉴 Givoly 等（1992）的研究，我们构建如下回归模型进行检验：

$$\Delta Leverage = \alpha + \beta_1 DUMMY + \beta_2 DEP_i + \beta_3 NCE + \beta_4 SIZE + \beta_5 BRISK + \beta_6 Z + \beta_7 MTB + \beta_8 INST + \beta_8 MGT + \sum \beta_j Industry_j + \varepsilon \quad (4\text{-}5)$$

$$\Delta Leverage = \alpha + \beta_1 DUMMY + \beta_2 ETR + \beta_1 ETR \times DUMMY + \beta_2 DEP_i + \beta_3 NCE + \beta_4 SIZE + \beta_5 BRISK + \beta_6 Z + \beta_7 MTB + \beta_8 INST + \beta_8 MGT + + \sum \beta_j Industry_j + \varepsilon \quad (4\text{-}6)$$

$$\Delta Leverage = \alpha + \beta_1 DUMMY + \beta_2 SOE + \beta_1 SOE \times DUMMY + \beta_2 DEP_i + \beta_3 NCE + \beta_4 SIZE + \beta_5 BRISK + \beta_6 Z + \beta_7 MTB + \beta_8 INST + \beta_8 MGT + \sum \beta_j Industry_j + \varepsilon \quad (4\text{-}7)$$

其中 $\Delta Leverage$ 为被解释变量，代表企业的债务水平变化；$DUMMY$ 为税率变化虚拟变量，反映了债务税盾对企业资本结构变化的影响，用于检验假设 4-1；DEP_i 为"与投资有关的税盾"，控制"替代效应"对企业资本结构变化的影响；NCE 为净资本支出，用以控制"收入效应"对企业资本结构变化的影响。模型 4-6 [即式（4-6）] 在模型 4-5 [即式（4-5）] 的基础上考虑企业接近"税收耗损状态"的概率对债务税盾与企业资本结构之间关系的影响，加入考察接近"税收耗损状态"概率的变量 ETR 以及其与 $DUMMY$ 变量的交互项 $ETR \times DUMMY$。模型 4-7 [即式（4-7）] 在模型 4-5 的基础上考虑不同产权性质对债务税盾与企业资本结构关系的影响，引入了产权性质的虚拟变量 SOE、交互变量 $SOE \times DUMMY$ 用于检验假设 4-3。模型中其他变量均为控制变量，具体包括企业规模($SIZE$)、经营风险($BRISK$)、破产风险(Z)、托宾Q值(TBQ)、机构持股水平($INST$)、经理层持股水平(MGT)和行业虚拟变量($Industry_i$)。

模型中变量计量如下：

1. 债务水平变化（$\Delta Leverage$）

$\Delta Leverage$为被解释变量，代表债务水平的变化。对于企业债务水平的准确衡量，国外学者以及国内学者均没有统一的结论，本书借鉴Givoly等（1992）研究中的衡量方法，具体计算方法如下：

$$Leverage_t = \frac{IBD_t}{TA_t} \quad (4\text{-}8)$$

其中，IBD_t为企业t年末有息债务[①]的账面价值；TA_t为企业t年末资产的账面价值[②]。为研究改革前后资本结构变化的影响因素，需要计算改革前后资本结构的变化情况。改革前的资本结构使用2006年的数据，改革后的资本结构使用2008年的数据。计算方法如下：

$$\Delta Leverage = Leverage_{2008} - Leverage_{2006} \quad (4\text{-}9)$$

其中$Leverage_{2006}$和$Leverage_{2008}$分别表示企业2006年和2008年的债务水平。

2. 税率变化虚拟变量（$DUMMY$）

$DUMMY$为税率变化虚拟变量，若税法改革后（2008年）与改革前（2006年）相比，企业的法定所得税率降低，则为1，否则为0，用于检验债务税盾对企业资本结构的影响。根据假设4-1，与税率提高企业相比，税率降低企业的债

[①] 国外早期的实证研究使用了总债务来衡量债务水平（Boquist and Moore,1984），但是Elnaggar（1996）指出总债务水平中包含了不带息债务，这部分债务并不能给企业提供税盾，因此合适的债务水平衡量的变量应为有息债务。在衡量资本结构时，借鉴Mohanty（1994）的方法，使用有息债务与总资产的比例作为企业的资本结构，其中有息债务的衡量本书借鉴何平（2009）的方法，使用期末短期借款、长期借款与应付债券之和来计算有息债务。

[②] 在国外文献中，总资产除了使用账面价值外，还有一些文献使用总资产的市场价值（负债的市场价值加所有者权益的市场价值或者负债的账面价值加所有者权益的市场价值）（Kahle and Shastri,2005；Graham et al.,2004；等等）。此处并没有使用所有者权益的市场价值，主要是因为我国股票市场在2006—2008年间经历了一波大熊市和一波大牛市，除此之外，期间还发生了股权分置改革，这些因素都会给所有者权益市场价值的衡量带来噪音。稳健起见，仅使用账面价值衡量。

务水平应显著降低。因此本书预期 $DUMMY$ 的系数应为负,并且统计显著。

3. 实际税率变量(ETR)

ETR 为实际税率变量,用于衡量企业接近"税收耗损状态"的概率(Trezevant and Robert,1992),计算方法为2006年应当缴纳的企业所得税与税前会计利润的比例。在此基础上,还构建了实际有效税率变量与税率变化的交互项($ETR \times DUMMY$),这两个变量用于检验企业接近"税收耗损状态"的程度对资本结构变化的影响。根据假设4-2,由于接近"税收耗损状态"的企业对税率变化的敏感性低于偏离"税收耗损状态"的企业,而税率提高企业中,实际税率较高的企业偏离"税收耗损状态"的程度较高,因此实际税率较高的企业债务水平提高程度应显著高于实际税率较低的企业,因此,预期 ETR 的系数应为正,且统计显著。

$ETR \times DUMMY$ 变量为实际税率变量与税率变化虚拟变量的乘积。根据假设4-2,接近"税收耗损状态"的企业对税率变化的敏感性低于偏离"税收耗损状态"的企业,因此针对税率变化,接近"税收耗损状态"的企业,即实际税率较低的企业债务的调整幅度要显著小于实际税率较高的企业,因此本书预期 $ETR \times DUMMY$ 的系数应为负,并且统计显著。

4. 产权性质虚拟变量(SOE)

SOE 为产权性质虚拟变量,若企业改革前(2006年)最终控制人为国有企业、政府机关、事业单位,则为1,否则为0;同时本书构建了产权性质与税率变化的交互项($SOE \times DUMMY$),这两个变量用于检验产权性质对资本结构变化的影响。根据假设4-3,由于国有企业对债务税盾的敏感性低于非国有企业,税率提高企业中,国有企业债务水平的提高程度应显著小于非国有企业,因此,我们预期 SOE 的系数应为负,且统计显著。

$SOE \times DUMMY$ 变量为产权性质虚拟变量与税率变化虚拟变量的乘积。根据假设4-3,国有企业对债务税盾的敏感性低于非国有企业,因此针对税率变化,国有企业债务的调整幅度要显著小于非国有企业,因此本书预期 $SOE \times DUMMY$ 的系数应为正,并且统计显著。

5. "与投资有关的税盾"(DEP_i)

DEP_i 为"与投资有关的税盾",代表税法改革后由于"替代效应"导致企业"与投资有关的税盾"变化的水平。由于无法获得企业相关的具体数据,所以无法直接估算企业获得并使用的"与投资有关的税盾"。本书选择了替代的方法,使用企业改革前"与投资有关的税盾"来代表企业在所得税改革中获得的"与投资有关的税盾"的大小:改革前企业"与投资有关的税盾"越多,那么改革中获得的"与投资有关的税盾"也越多。本书对彭程和刘星(2007)的衡量方法进行了修改,使用企业当期固定资产计提的折旧、无形资产摊销与长期待摊费用摊销之和与企业期末总资产的账面价值之比来计量,作为企业获得的"与投资有关的税盾"的替代衡量方法。为了更准确地衡量改革中企业获得的"与投资有关的税盾",本书设立了 DEP_1、DEP_2、DEP_3 和 DEP_5 四个变量来衡量改革中企业新增的"与投资有关的税盾",其中,DEP_1 为企业改革前一年(2006年)"与投资有关的税盾",DEP_2 为企业改革前两年(2005—2006年)"与投资有关的税盾"的均值,DEP_3 为企业改革前三年(2004—2006年)"与投资有关的税盾"的均值,DEP_5 为改革前五年(2002—2006年)"与投资有关的税盾"的均值。所得税改革使得企业获得了更多的"与投资有关的税盾"的使用空间。因而如果"替代效应"存在的话,"与投资有关的税盾"将替代"债务税盾",即企业将降低债务水平,因此 DEP_i 的系数应该为负,且统计显著。

6. 净资本支出(NCE)

NCE 为企业净资本支出,用来控制税法改革后"收入效应"对企业资本结构水平的变化的影响。根据 Dammon 和 Senbet(1988)提出的"收入效应"假说,企业能获得的"与投资有关的税盾"的增加(减少)会提高(降低)企业的资本资产投资水平,进而提高(降低)企业的债务融资水平,即债务水平的变化和资本资产投资的变化正相关。且根据"债务保障假说"(Debt Securability Hypothesis)[①],净投资变化能反映与债务相关的投资的变化。因此 Elnaggar(1996)认为净资本支出是一个合适的衡量潜在"收入效应"的替代变量。借鉴胡国柳等(2006)的方法,本书对企业净资本支出(NCE)的定义如下:

NCE=(企业2007年购建固定资产、无形资产和长期资产支付的现金—企业2007年处置固定资产、无形资产和长期资产收回的现金+企业2008年购建固定资产、无形资产和长期资产支付的现金—企业2008年处置固定资产、

---

① 债务保障假说是指当企业的债务被资产所担保时,企业有能力发行相对更多的债务(Scott,1976;Myers and Majluf,1984;Jensen and Meckling,1976)。

无形资产和长期资产收回的现金）÷企业2006年年末总资产的账面价值。

所得税改革增加了"与投资有关的税盾"，若存在"收入效应"，将促进企业的资本资产投资，增加企业的资本性支出，进而将促进企业的债务融资，提高企业的债务水平，因而本书预期 NCE 的系数应为正，且统计显著。

7. 企业规模（SIZE）

SIZE 代表企业的规模大小。与国内资本结构相关文献（吴联生和岳衡，2006；彭程和刘星，2007）一样，本书选用2006年年末企业总资产账面价值的自然对数（SIZE）作为控制变量，来衡量企业规模。与相关文献一样，我们预期 SIZE 的系数应为正，且统计显著。

8. 经营风险（BRISK）

BRISK 代表企业面临的经营风险。企业面临的经营风险越大，未来盈利的不确定性就越大，因而获得债务的可能性就越小，杠杆水平越低（Titman and Wessels，1988）。本书借鉴 Givoly 等（1992）的方法，选用改革前五年（2002—2006年）企业主营业务利润的标准差与企业主营业务利润均值的比率（BRISK）作为控制变量来衡量企业的经营风险。根据上述理论，我们预期 BRISK 的系数应为负，且统计显著。

9. 破产风险（Z）

Z 为企业的 Z-score 值[①]，表示企业的破产风险。我们借鉴彭程和刘星（2007）的方法，选择改革前（2006年）企业破产可能性的判断函数 Z-score，来控制企业的破产风险。与经营风险（BRISK）类似，Z 值越小，该企业遭受财务失败的可能性越大，越不容易获得债务融资，企业债务水平越低。因此，我们预期 Z 的系数应为正，且统计显著。

10. 托宾 Q 值（TBQ）

TBQ 为企业的托宾 Q 值（Tobin's Q），衡量企业的成长性。Wu 和 Yue（2009）认为成长性对企业资本结构的影响不确定，一方面，根据权衡理论，高成长性企业破产成本较大，因而倾向使用更少的债务；另一方面，高成长性企

---

① Z 值是企业破产可能性的判断函数，由 Altman（1968）提出，他从上市公司财务报告中计算出一组反应企业财务危机程度的财务比率，然后根据这些比率对财务危机警示作用的大小给予不同的权重，综合反映了企业的财务状况。Z 值越大，表示企业的财务状况越好，破产的可能性越小。

业需要大量的资金,内源融资可能无法满足企业全部的资金需求,因此企业更可能以债务融资的方式获取资金。本书借鉴 Huang 和 Song(2006)、向朝进和谢明(2003)的方法,使用企业2006年年末的托宾Q值(TBQ)来衡量企业的成长性,具体计算方法如下:

$$TBQ = \frac{每股股价 \times 流通股股数 + 每股净资产 \times 非流通股股数 + 负债账面价值}{总资产账面价值}$$

(4-10)

11. 股权结构

代理理论(Jensen and Meckling,1976;Jensen et al.,1986)提出最优债务和股权结构在一定程度上可以最小化代理成本,所以股权结构(包括管理层所有权)预期与企业债务水平存在一定的关系,但对比尚未形成统一的结论(Leland and Pyle,1977;Berger et al.,1997;Friend and Lang,1988)。本书借鉴 Huang 和 Song(2006)的方法,使用机构持股水平($INST$)、经理层持股水平(MGT)两个变量来衡量企业的股权结构,其中,机构持股水平为企业2006年年末机构持股数与流通股股数之比,经理层持股水平为2006年年末企业管理层、治理层、监管层持股股数之和与流通股股数之比。

12. 行业($Industry_j$)

国内外学者对各国企业资本结构的实证研究发现,不同行业企业的资本结构具有显著差异性(Scott and Martin,1975;陆正飞和辛宇,1998;吕长江和韩慧博,2001;郭鹏飞和孙培源,2003),并且比不同行业企业的财务杠杆相比,同行业企业的财务杠杆更为相似。不同的行业存在各自特定的商业风险(Schwartz and Aronson,1967),这种行业差异性会影响企业的融资能力、资产类型、税收以及破产的可能性等,进而影响企业的最优资本结构。为了控制行业因素对企业资本结构的影响,设置行业虚拟变量 $Industry_j$[①],若企业属于行业j,则为1,否则为0。

[①] 根据证监会行业分类门类标准(2001年,剔除金融类上市公司)共有12个行业,具体包括:A.农、林、牧、渔业;B.采掘业;C.制造业;D.电力、煤气及水的生产和供应业;E.建筑业;F.交通运输、仓储业;G.信息技术业;H.批发和零售贸易;I.房地产业;K.社会服务业;L.传播与文化产业;M.综合类。据此本书设置11个虚拟变量用以控制行业的影响。

4.3 实证结果与解释

4.3.1 描述性统计

表4-2是回归模型涉及变量的简单描述性统计。观察资本结构变化变量（$\Delta Lenerage$），样本企业的均值为负（-0.023），表明国内上市公司在2006年到2008年之间降低了债务水平；另外还可以看出不同企业的债务水平变化存在比较大的差异（标准差为0.156），表明在所得税改革的情况下，不同企业根据自身情况对资本结构进行了不同程度的调整，提高最多的企业增加了0.544，而下降最多的企业降低了1.072。上市公司"与投资有关的税盾"也存在较大差异，标准差在0.016～0.020之间。净资本支出（NCE）表示企业2006年到2008年净资本支出水平，平均值为0.118，即占2006年末总资产的比例约为12%，此外，不同企业之间也存在着很大的差异性，最小值为-6%，最大值为82%。企业资产规模（SIZE）主要分布在18.497和25.741之间，企业的经营风险（BRISK）和破产风险（Z）分布比较分散，表明上市公司经营情况存在比较大的差异。企业的托宾Q（TBQ）值之间存在很大差异，最小值为0.321，最大值为3.463，表明不同企业的未来投资机会存在很大差异。企业的股权结构也存在较大差异：机构持股比例（INST）最高为84.7%，而最低的持股比例为0%；经理层持股水平（MGT）都不太高，平均持股比例仅约为0.05%，最高为2.8%，最低则为0%。

表 4-2 变量描述性统计

变量	样本	均值	标准差	最小值	最大值
$\Delta Leverage$	250	−0.023	0.156	−1.072	0.544
DUMMY	250	0.844	0.364	0.000	1.000
SOE	250	0.660	0.475	0.000	1.000
DEP_1	250	0.030	0.020	0.000	0.120
DEP_2	250	0.029	0.019	0.000	0.110
DEP_3	250	0.029	0.018	0.000	0.110

续表

变量	样本	均值	标准差	最小值	最大值
DEP_5	250	0.027	0.016	0.000	0.100
NCE	250	0.118	0.147	−0.060	0.820
$SIZE$	250	21.370	1.055	18.497	25.741
$BRISK$	250	0.380	0.435	−3.676	3.467
Z	250	2.323	3.210	−12.310	34.790
TBQ	250	1.119	0.421	0.321	3.463
$INST$	250	0.113	0.175	0.000	0.847
MGT	250	0.000	0.002	0.000	0.028

注：表中为所有变量的描述性统计结果。$\Delta Leverage$ 为企业有息债务水平变化变量，为2006年到2008年的变化；$DUMMY$ 变量为税率变化虚拟变量，税率降低企业为1，税率提高企业为0；SOE 为企业产权性质变量，国有企业为1，非国有企业为0；DEP_i（i=1、2、3、5）衡量企业税改中获得的"与投资有关的税盾"，分别为改革前1年、2年、3年和5年的折旧、摊销水平；NCE 为企业2006年到2008年间的净资本支出变量；$SIZE$ 为企业的规模变量，等于总资产的自然对数；$BRISK$ 为企业的经营风险变量，等于改革前5年主营业务收入标准差与均值的比例；Z 为企业的破产风险变量，依据Altman（1968）的方法计算获得；TBQ 为企业的托宾Q值；$INST$ 和 MGT 分别为企业的机构投资者、管理层持股比例。

4.3.2 企业所得税税率变化与资本结构调整关系检验

4.3.2.1 税率降低和税率提高两类企业资本结构比较

图4-3为2006年和2008年税率降低企业和税率提高企业资本结构的对比。

2006年税率降低企业的税率明显高于税率提高企业[①]，根据前文的理论分析，税率降低企业债务的"税盾价值"要显著高于税率提高企业债务的"税盾价值"。观察图4-3中两类企业2006年的债务水平（IBD_{2006}/TA_{2006}），税率降低企业的债务水平（0.285）高于税率提高企业的债务水平（0.199），两者之间存在明显的差异。这在一定程度上支持"差别税收"假说，与Zwick（1977）、Holland和Myers（1977）的研究结论一致。

---

① 本书研究所用样本中的税率降低企业改革前的税率以33%为主，税率提高企业改革前的税率为15%的居多，两类企业法定税率之间存在着明显的差异。

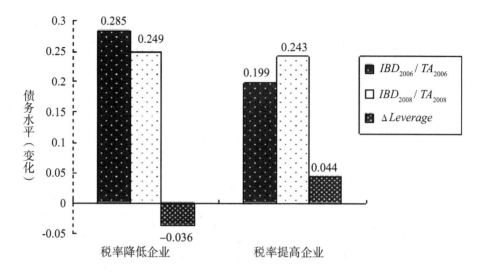

注：图中为税率降低和税率提高两类企业的资本结构的对比图。左侧三个柱为税率降低企业，右侧三个柱为税率提高企业。两类企业都各有三个柱：左侧柱代表2006年的债务水平均值，中间代表2008年的债务水平均值，右侧柱则为2008年较2006年债务水平的差异。

图 4-3　税率降低和提高企业资本结构对比

2008年1月1日起，新的《企业所得税法》开始施行。税法改革以后，税率降低企业的税率从33%变为25%，税率提高企业的税率实行过渡期优惠政策，2008年税率从15%变为18%[①]，并在5年内逐步过渡到25%，两类企业的税率将逐渐趋于一致。观察图中2008年和2006年债务水平的差异（$\Delta Leverage$）。税率降低企业的债务水平下降了0.036，而税率提高企业的债务水平提高了0.044，变化方向与我们的"债务税盾"假设一致。除此之外，观察图4-3中两类企业2008年的债务水平（IBD_{2008}/TA_{2008}），税率降低企业的债务水平（0.249）仍然高于税率提高企业的债务水平（0.243），但是二者开始接近。

4.3.2.2　单因素分析结果

表4-3为样本企业资本结构的差异比较及统计检验结果。

观察表4-3中的税率降低企业一行，税率降低企业2008年的债务水平（0.249）要低于2006年的债务水平（0.285），两年间的差异为负（-0.036），并且在1%的水平上统计显著。根据前文的理论分析，税率降低企业的"债务税盾"价值下降，所以随着税率的降低，企业的债务水平下降。税率降低企业2008

---

① 本书所用税率提高样本中绝大部分企业情况都是如此。

年和2006年债务水平的对比情况与理论预期相符,支持了假设4-1。

与税率降低企业相反,税率提高企业"债务税盾"的价值将提高,依据假设4-1,这类企业将提高债务水平。观察表中税率提高企业一行,税率提高企业2006年的债务水平为0.199,2008年提高到0.243,所得税改革之后,税率提高企业明显地提高了自身的债务水平。相比改革前,债务水平提高了0.044,并且在5%的水平上统计显著。这一结果也支持了假设4-1。

观察表4-3中两类企业的差异,所得税改革之前,低税率企业(税率提高企业)的债务水平与高税率企业(税率降低企业)相比低0.086,二者之间的债务水平存在显著性差异(1%的水平上)。所得税改革之后,两类企业的税率将逐渐趋同并最终统一为25%,观察表4-3中"2008年债务水平"一列,可以看出两类企业的债务水平之间已经不存在显著差异。税率提高企业在所得税改革后提高了债务水平(提高了0.044),与之相反,税率降低企业降低了债务水平(降低了0.036),两类企业债务水平变化之间的差异为0.08,并且在1%的水平上统计显著,这说明这两类企业由于税率变化方向相反,债务水平的变化也迥异。

表 4-3 税率降低和提高企业资本结构差异检验

	样本量	2006年债务水平 (IBD_{2006}/TA_{2006})	2008年债务水平 (IBD_{2008}/TA_{2008})	债务水平变化 (统计量)
税率降低企业	211	0.285	0.249	−0.036*** (−3.382)
税率提高企业	39	0.199	0.243	0.044** (1.784)
两类企业差异 (t统计量)		−0.086*** (−2.959)	−0.007 (−0.225)	0.08*** (2.978)

注:表中为税率降低税率和提高两类企业资本结构差异的统计检验结果。各列内容为:第2列为样本数,第3列为2006年企业债务水平均值,第4列为2008年企业债务水平均值,第5列为2008年债务水平较2006年债务水平的变化值。表中第2行为税率降低企业,第3行为税率提高企业,第4行为税率提高企业和税率降低企业的差异检验。*、**、***分别表示在10%、5%和1%的水平上统计显著。

4.3.2.3 多元回归分析结果

表4-4为债务税盾对资本结构影响的多元回归结果。其中被解释变量为改革中资本结构的变化水平($\Delta Leverage$);DUMMY为税率变化对资本结构

表 4-4 债务税盾与资本结构关系检验

变量	预测符号	模型（1）	模型（2）	模型（3）	模型（4）
截距	?	−0.412 （−1.54）	−0.410 （−1.54）	−0.422 （−1.58）	−0.419 （−1.57）
DUMMY	−	−0.056** （−2.37）	−0.057** （−2.40）	−0.057** （−2.40）	−0.058** （−2.44）
DEP_1	−	−1.068** （−2.11）			
DEP_2	−		−1.292** （−2.38）		
DEP_3	−			−1.395** （−2.49）	
DEP_5	−				−1.537** （−2.51）
NCE	+	0.105 （1.63）	0.115* （1.78）	0.121* （1.86）	0.121* （1.87）
SIZE	+	0.023** （2.04）	0.023** （2.07）	0.024** （2.11）	0.024** （2.14）
BRISK	−	−0.048** （−2.33）	−0.050** （−2.41）	−0.051** （−2.43）	−0.050** （−2.43）
Z	+	0.011*** （3.48）	0.010*** （3.44）	0.011*** （3.54）	0.011*** （3.70）
TBQ	?	−0.128*** （−4.56）	−0.126*** （−4.52）	−0.126*** （−4.51）	−0.128*** （−4.60）
INST	?	0.045 （0.65）	0.048 （0.70）	0.051 （0.74）	0.047 （0.68）
MGT	?	−0.235 （−0.05）	−0.077 （−0.02）	−0.163 （−0.04）	−0.178 （−0.04）
Industry	?	控制	控制	控制	控制
样本数		250	250	250	250
F 值		6.90***	7.00***	7.04***	7.05***
调整后的 R^2 值		0.322	0.325	0.327	0.327

注：该表报告了债务税盾与资本结构关系的"普通最小二乘法"（OLS）回归结果。因变量为有息债务水平2006年到2008年间的变化量（$\Delta Leverage$）。DUMMY 变量为企业所得税税率变化虚拟变量，税率降低的企业为1，税率提高的企业为0；DEP_i（$i=1、2、3、5$）为企业在企业所得税改革中获得的"与投资有关的税盾"变量，分别表示改革前1年、2年、3年和5年"与投资有关的税盾"的平均水平；NCE 变量为企业的净资本支出变量，为2007年和2008年净资本支出之和；SIZE 变量为企业的规模变量，衡量方法为企业总资产账面价值的自然对数；BRISK 为企业的经营风险变量，等于企业所得税改革前5年主营业务收入标准差与均值的比例；Z 为企业的破产风险变量，依据Altman（1968）的方法计算获得；TBQ 为企业的托宾Q值；INST和MGT分别为企业的机构投资者、管理层持股比例。*、**、***分别表示在10%、5%和1%的水平上显著（双尾检验）。

影响的观察变量,税率降低企业为1,税率提高企业为0,用以检验本书的假设4-1;"与投资有关的税盾"变量(DEP_i)用以控制"与投资有关的税盾"对债务水平的"替代效应",为了更准确地衡量改革中企业获得的"与投资有关的税盾",分别使用改革前1、2、3、5年的"与投资有关的税盾"的平均水平衡量改革中企业新增的"与投资有关的税盾";净资本支出变量(NCE)用以控制"收入效应"的影响。其余变量均为控制变量,包括企业规模(SIZE)、经营风险(BRISK)、破产风险(Z)、托宾Q值(TBQ)、机构持股水平(INST)、经理层持股水平(MGT)和行业虚拟变量$Industry_i$。

观察模型(1)~模型(4)的整体拟合结果,模型的调整拟合优度(调整后的R^2值)在0.322~0.327之间,所有模型都在1%的水平上显著,模型的整体拟合效果较好。模型(1)~模型(4)中DUMMY变量的系数都为负,并且在5%的水平上显著(双尾检验)。上述结果表明,与税率提高企业相比,税率降低企业由于"债务税盾"价值下降,明显地降低了债务水平。该结果符合差别税率假设的预期,假设4-1得到了验证。观察模型(1)~模型(4)中"与投资有关的税盾"变量(DEP_i)的回归系数,所有"与投资有关的税盾"的系数都为负,且在5%的水平上显著(双尾检验)。表明在控制"收入效应"后,"与投资有关的税盾"与"债务税盾"之间存在"替代效应"。本书的研究结果与Elnaggar(1996)结论一致,在控制"收入效应"的影响后验证了中国上市公司"与投资有关的税盾"与"债务税盾"之间"替代效应"的存在。

其他控制变量的检验结果与理论预期基本一致。企业债务水平变化与企业规模(SIZE)正相关,且在5%的水平上显著,这表明企业规模越大,债务水平增加程度越高;企业经营风险(BRISK)越大,债务水平降低越多,这与理论预期一致;企业破产风险越低,即Z值越高,企业债务水平增加程度越高;TBQ与企业的债务水平变化显著负相关,符合"权衡理论"的预期,即高成长性企业破产成本较大,因而倾向使用更少的债务。上述控制变量的检验结果与之前的国内外研究结论(吴联生和岳衡,2006;彭程和刘星,2007;Givoly et al.,1992;等等)一致。此外,机构持股水平(INST)和经理层持股水平(MGT)对资本结构的影响不显著。

4.3.3 企业所得税税率变化与资本结构调整：基于"税收耗损状态"的进一步检验

表4-5为"税收耗损状态"对债务税盾与资本结构关系影响的检验结果。

为了检验企业接近"税收耗损状态"概率对债务税盾与资本结构关系的影响，在上述一般分析回归模型的基础上加入实际税率变量ETR和实际税率与税率变化的交互项ETR×DUMMY。在加入ETR和ETR×DUMMY变量后，模型的整体解释力明显增强，调整后的R^2值分别由模型（1）～模型（4）的0.322，0.325，0.327和0.327提高到模型（5）～模型（8）的0.363，0.367，0.367和0.368，模型解释力提高幅度达13%左右，这表明"税收耗损状态"是影响资本结构的重要因素。

表4-5 税收耗损状态、债务税盾与资本结构关系检验

变量	预测符号	模型（5）	模型（6）	模型（7）	模型（8）
截距	?	−0.372 （−1.34）	−0.357 （−1.29）	−0.361 （−1.31）	−0.353 （−1.28）
DUMMY	?	−0.001 （−0.02）	−0.003 （−0.08）	−0.002 （−0.06）	−0.002 （−0.07）
ETR	+	0.234*** （3.55）	0.231*** （3.51）	0.230*** （3.50）	0.231*** （3.51）
ETR×DUMMY	−	−0.210*** （−2.88）	−0.205*** （−2.82）	−0.207*** （−2.85）	−0.210*** （−2.90）
DEP_1	−	−1.094** （−2.08）			
DEP_2	−		−1.375** （−2.39）		
DEP_3	−			−1.421** （−2.36）	
DEP_5	−				−1.593** （−2.42）
NCE	+	0.150** （2.32）	0.163** （2.49）	0.167** （2.52）	0.168** （2.54）
SIZE	+	0.018 （1.54）	0.018 （1.54）	0.018 （1.53）	0.018 （1.55）
BRISK	−	−0.048** （−2.33）	−0.050** （−2.41）	−0.050** （−2.43）	−0.050** （−2.43）

续表

变量	预测符号	模型（5）	模型（6）	模型（7）	模型（8）
Z	+	0.011*** （3.72）	0.011*** （3.64）	0.012*** （3.75）	0.012*** （3.94）
TBQ	?	−0.144*** （−5.08）	−0.143*** （−5.04）	−0.142*** （−5.00）	−0.144*** （−5.08）
INST	?	0.079 （1.08）	0.084 （1.14）	0.083 （1.13）	0.077 （1.05）
MGT	?	−1.063 （−0.24）	−0.884 （−0.20）	−0.886 （−0.20）	−0.901 （−0.21）
Industry	?	控制	控制	控制	控制
样本数		239	239	239	239
F 值		7.17***	7.28***	7.26***	7.29***
调整后的 R^2 值		0.363	0.367	0.367	0.368

注：该表报告了"税收耗损状态"对债务税盾与资本结构关系影响的"普通最小二乘法"（OLS）回归结果。因变量为有息债务水平2006年到2008年间的变化量（$\Delta Leverage$）。DUMMY变量为企业所得税税率变化虚拟变量，税率降低的企业为1，税率提高的企业为0；ETR变量衡量企业接近"税收耗损状态"的概率，税率越低，企业越接近税收耗损状态；ETR×DUMMY为ETR变量与DUMMY变量的交互项；DEP_i（i=1、2、3和5）为企业在企业所得税改革中获得的"与投资有关的税盾"变量，分别表示改革前1年、2年、3年和5年"与投资有关的税盾"的平均水平；NCE变量为企业的净资本支出变量，为2007年和2008年净资本支出之和；SIZE变量为企业的规模变量，衡量方法为企业总资产账面价值的自然对数；BRISK为企业的经营风险变量，等于企业所得税改革前5年主营业务收入标准差与均值的比例；Z为企业的破产风险变量，依据Altman（1968）的方法计算获得；TBQ为企业的托宾Q值；INST和MGT分别为企业的机构投资者、管理层持股比例。由于实际税率变量存在缺省值，因而表格中回归的样本数量与表4-4中的有所差异。*、**、***分别表示在10%、5%和1%的水平上显著（双尾检验）。

观察回归模型变量的系数，税率变化虚拟变量（DUMMY）的系数不显著，表明"税收耗损状态"情况下，税率降低企业和税率提高企业之间不存在显著的差异。例如在极端情况下，如果企业的应纳税所得额为0，那么实际上企业所得税税率的变化并不会对企业当期实际需要缴纳的所得税额产生影响。实际税率变量（ETR）的系数显著为正，说明税率提高企业（DUMMY=0）中，实际税率越高，税率提高对企业实际税率的影响越大，进而企业债务水平的提高程度也越明显。实际税率与税率变化虚拟变量的交互项（ETR×DUMMY）为负，且都在1%的水平上显著，表明实际税率越高，企业偏离"税收耗损状态"的程度越大，税率变化产生的影响也越明显，相应地，税率降低企业与提高企业之间的差异越显著，本章的假设4-2得到支持。其余变量为控制变量，结果与前文基本一致,不再赘述。

4.3.4 企业所得税税率变化与资本结构调整：基于产权性质的进一步检验

4.3.4.1 国有企业与非国有企业资本结构变化的比较

图4-4为国有企业与非国有企业在企业所得税改革前后资本结构变化的对比图。

观察图4-4中的税率提高企业,国有企业与非国有企业在改革后均降低了债务水平,表明二者由于税率降低,"债务税盾"价值下降,均一定程度上降低了债务水平,这与假设4-1的预期一致。此外,对比国有企业与非国有企业,可以发现国有企业改革后降低了0.009,而非国有企业则降低了0.088,降低幅度要明显大于国有企业,这与假设4-3的预期是一致的。对于税率提高企业,国有企业与非国有企业在改革后均在一定程度上提高了债务水平,支持了本书的假设4-1。此外,对比国有企业与非国有企业,同样可以发现非国有企

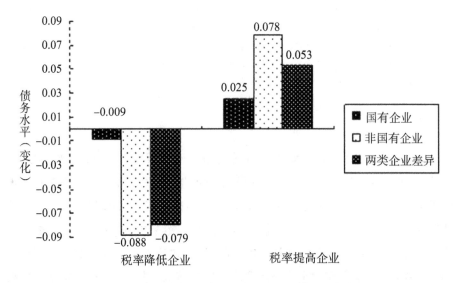

注：该图为税率降低企业和税率提高企业在不同产权性质下的资本结构对比图。左侧三个柱为税率降低企业,右侧三个柱为税率提高企业。两类企业都各有三个柱：左侧柱代表国有企业的资本结构变化量,中间柱则为非国有企业的资本结构变化量,右侧柱为非国有企业与国有企业债务水平变化量之间的差异。

图4-4 国有企业与非国有企业资本结构变化对比

业债务水平变化程度(0.078)要大于国有企业债务水平的变化程度(0.025)。图4-4中的对比结果支持了本章的假设4-3,即非国有企业较之国有企业对所得税政策变化更为敏感。

4.3.4.2 单因素分析结果

表4-6为国有企业与非国有企业资本结构变化差异对比及统计检验结果。

观察表4-6中税率降低企业,国有企业债务水平变化值为负,但是并不显著,表明国有企业并没有显著地降低债务水平;非国有企业债务水平变化值也为负(−0.088),且在1%的水平上显著,表明非国有企业显著地降低了债务水平。比较二者债务水平的变化值,非国有企业与国有企业之间存在显著的差异(−0.079),且在1%的水平上显著,表明非国有企业在税法改革后更为显著地减少了企业的债务水平,这与假设4-3的理论预期是一致的。

表4-6 国有企业与非国有企业资本结构变化差异检验

	企业性质	样本量	均值 (t检验值)	两类企业差异 (t统计量)
税率降低企业	国有企业	140	−0.009 (−0.787)	−0.079*** (−3.630)
	非国有企业	71	−0.088*** (−4.388)	
税率提高企业	国有企业	25	0.025 (0.844)	0.053 (1.039)
	非国有企业	14	0.078** (1.768)	

注:该表为税率降低和税率提高两类企业中,国有企业与非国有企业资本结构变化差异的统计检验结果。第2、第3行为税率降低企业的比较检验,第4、第5行为税率提高企业的比较检验。各列内容分别为:第3列为样本数,第4列为2006年到2008年企业债务水平变化量的均值,第5列为非国有企业与国有企业资本结构变化量差异的检验。*、**、***分别表示在10%、5%和1%的水平上统计显著。

依据假设4-1的预期,税率提高企业提高了债务水平。观察税率提高企业,可以发现国有企业和非国有企业都提高了债务水平,与预期一致,但非国有企业的债务水平提高显著(在5%的水平上显著),而国有企业的债务水平提高不显著。对比两类企业债务水平的提高程度,也可以发现非国有企业比国有企业更多地提高了债务水平,符合假设4-3的理论预期。

4.3.4.3 多元回归分析结果

表4-7为产权性质对债务税盾与资本结构关系影响的检验结果。

表4-7 产权性质、债务税盾与资本结构关系检验

变量	预测符号	模型（9）	模型（10）	模型（11）	模型（12）
截距	?	−0.266 （−0.99）	−0.262 （−0.98）	−0.275 （−1.03）	−0.276 （−1.03）
DUMMY	−	−0.145*** （−3.76）	−0.146*** （−3.81）	−0.148*** （−3.86）	−0.149*** （−3.89）
SOE	−	−0.097** （−2.20）	−0.099** （−2.24）	−0.102** （−2.32）	−0.104** （−2.38）
SOE×DUMMY	+	0.137*** （2.86）	0.139*** （2.91）	0.142*** （2.97）	0.142*** （2.97）
DEP_1	−	−1.151** （−2.29）			
DEP_2	−		−1.393** （−2.58）		
DEP_3	−			−1.525*** （−2.75）	
DEP_5	−				−1.648*** （−2.72）
NCE	+	0.105* （1.66）	0.116* （1.82）	0.123* （1.92）	0.124* （1.93）
SIZE	+	0.019* （1.65）	0.019* （1.68）	0.020* （1.73）	0.020* （1.78）
BRISK	−	−0.040* （−1.93）	−0.042** （−2.01）	−0.042** （−2.03）	−0.042** （−2.03）
Z	+	0.011*** （3.78）	0.011*** （3.75）	0.012*** （3.86）	0.120*** （4.04）
TBQ	?	−0.132*** （−4.77）	−0.130*** （−4.73）	−0.130*** （−4.73）	−0.133*** （−4.82）
INST	?	0.060 （0.87）	0.063 （0.93）	0.066 （0.97）	0.061 （0.89）
MGT	?	0.230 （0.05）	0.398 （0.09）	0.277 （0.06）	0.200 （0.05）
Industry	?	控制	控制	控制	控制

续表

变量	预测符号	模型（9）	模型（10）	模型（11）	模型（12）
样本数		250	250	250	250
F 值		6.88***	6.99***	7.06***	7.04***
调整后的 R^2 值		0.342	0.346	0.349	0.348
模型拟合系数的 F 检验：					
DUMMY+SOE×DUMMY		−0.007 （0.06）	−0.007 （0.06）	−0.006 （0.04）	−0.007 （0.05）
SOE+SOE×DUMMY		0.040** （4.02）	0.041** （4.10）	0.041** （4.12）	0.038* （3.63）

注：该表报告了企业产权性质对债务税盾与资本结构关系影响的"普通最小二乘法"（OLS）回归结果。因变量为有息债务水平2006年到2008年间的变化量（ΔLeverage）。DUMMY变量为企业所得税税率变化虚拟变量，税率降低的企业为1，税率提高的企业为0；SOE为企业产权性质变量，国有企业为1，非国有企业为0；SOE×DUMMY为SOE变量与DUMMY变量的交互项；DEP_i（i=1、2、3、5）为企业在企业所得税改革中获得的"与投资有关的税盾"变量，分别表示改革前1年、2年、3年和5年"与投资有关的税盾"的平均水平；NCE变量为企业的净资本支出变量，为2007年和2008年的之和；SIZE变量为企业的规模变量，衡量方法为企业总资产账面价值的自然对数；BRISK为企业的经营风险变量，等于改革前5年主营业务收入标准差与均值的比例；Z为企业的破产风险变量，依据Altman（1968）计算获得；TBQ为企业的托宾Q值；INST和MGT分别为企业的机构投资者、管理层持股比例。*、**、***分别表示在10%、5%和1%的水平上显著（双尾检验）。

为了检验不同产权性质对债务税盾与资本结构关系的影响，在上述一般分析回归模型的基础上加入产权性质变量SOE和产权性质与税率变化的交互项SOE×DUMMY。在加入SOE和SOE×DUMMY变量后，模型的整体解释力明显增强，调整后的R^2值分别由模型（1）~模型（4）的0.322、0.325、0.327和0.327提高到模型（9）~模型（12）的0.342、0.346、0.349和0.348，这表明产权性质是影响资本结构的重要因素。

观察回归模型变量系数，DUMMY的系数显著为负，SOE×DUMMY的系数显著为正，说明非国有企业中，税率降低企业相对于税率提高企业显著地降低了债务水平，并且国有企业相对于非国有企业债务水平的降低幅度明显要小。进一步检验发现DUMMY+SOE×DUMMY的系数为负，并且统计检验不显著，这表明国有企业中，税率降低企业相对于税率提高企业并没有显著地降低债务水平。SOE的检验结果表明税率提高企业中，国有企业债务水平的提高幅度与非国有企业相比要低10%左右，并且统计检验显著；

$SOE+SOE \times DUMMY$ 的检验结果表明税率降低企业中,国有企业债务水平的降低幅度与非国有企业相比要低4%左右,并且统计检验显著。这进一步验证非国有企业债务水平对外在因素税收法规变化更为敏感,在税收筹划方面更为激进。这些检验结果均支持本章的假设4-3。其余变量为控制变量,结果与前文基本一致,不再赘述。

4.4 稳健性检验

为检验上述结论的稳定性,我们进行如下的稳健性检验:

(1)前文在衡量有息债务水平时借鉴了何平(2009)的方法,使用期末短期借款、长期借款与应付债券之和来计算有息债务。为了检验结论的可靠性,本书还将一年内到期的长期债务也作为有息债务的一部分重新计算了有息债务水平的变化量,在此基础上对前文的所有结果重新进行检验,结果与前文中报告的基本一致(限于篇幅,未列出检验结果)。

(2)为了识别模型的多重共线性问题,我们通过Pearson相关系数对模型主要变量之间的共线性进行了初步分析:绝大部分变量的相关系数的绝对值都小于0.20。此外,我们观察了所有模型中自变量的方差膨胀因子(Variance Inflation Factor,VIF)。结果发现,除了行业虚拟变量外,其余所有自变量的方差膨胀因子均小于2.5,可见模型中变量间并不存在严重的多重共线性问题。

(3)根据Baker和Wurgler(2002)提出的市场择机理论,面对复杂多变的资本市场,上市公司将选择股票价格高时发行股票,股票价格低时回购股票。国内学者利用我国IPO上市公司数据进行了检验,也发现我国资本市场明显存在市场时机选择行为(胡志强和卓琳玲,2008),当资本市场中股价被高估时,我国上市公司会通过股权融资降低企业的资产负债率。此外我国上市公司融资发行节奏是由证监会发行部控制的,监管机构的融资管制政策变化直接影响融资公司的数量和融资规模(王正位等,2007)。

从融资管制政策来看,2006年的下半年A股市场刚刚结束了为期一年的新股暂停发行,且2006年5月8日起实施的《上市公司证券发行管理办法》对于增发和配股也放宽了条件①,融资管制政策对上市公司股权融资的限制条件也开始放宽。从资本市场景气程度来看,在新税法通过的2007年中国股市迎来了一轮大牛市。上述两方面因素均会影响样本企业在样本期间的股权融资行为,并将影响公司的资本结构。为了控制上述企业股权融资行为对本章实证结果的影响,我们在模型(1)~模型(12)中加入增发配股虚拟变量,用以观察增发配股对企业资本结构变化的影响。在放入增发配股虚拟变量后,本章的研究结论并未发生改变(限于篇幅,未列出检验结果)。

(4)样本企业在2006年到2008年间有部分企业的实际控制人发生了变更,即企业的产权性质发生了变化。国内学者(朱宝宪和王怡凯,2002;徐晓东和陈小悦,2003;等等)研究了企业控制权转移与企业绩效的关系,他们认为控制权市场具有促进资源配置和解决企业委托代理问题的功能,并进一步对企业的行为和业绩产生影响,如提高企业的资产收益率、成长性和股票收益率等。为了控制企业控制权转移对本章实证结果的影响,我们使用改革后2008年的产权性质,替代模型(1)~模型(12)中使用的2006年的企业产权性质进行检验。实证检验结果与本章的研究结论基本一致(限于篇幅,未列出检验结果)。

4.5 小　结

与之前执行的企业所得税相关法律法规相比,我国2008年起执行的新《企业所得税法》既涉及税率的变化(税率降低和提高的公司并存),同时也涉及抵扣抵免政策的变化,这些政策的变化为研究企业所得税与资本结构的关系提供了难得的机会。我们运用西方资本结构理论,考察债务税盾对企业资

---

① 2006年5月8日起实施的《上市公司证券发行管理办法》取代了《上市公司新股发行管理办法》《关于做好上市公司新股发行工作的通知》《关于上市公司增发新股有关条件的通知》《上市公司发行可转换公司债券实施办法》和《关于做好上市公司可转换公司债券发行工作的通知》五个文件,放宽了对"增发"和"配股"的限制。例如,对申请"增发"企业最近三个会计年度加权平均净资产收益率的要求由原先的不低于10%降为不低于6%,对申请"配股"企业取消了最近三个会计年度加权平均净资产收益率不低于6%的限制。

本结构的影响,检验西方一般资本结构理论在中国的适用性。在此基础上,进一步结合我国特有的制度背景,基于税收筹划视角重点研究不同产权性质(国有企业与非国有企业)对债务税盾与资本结构关系的影响。

在控制其他因素影响的条件下,通过分析企业所得税改革前后企业资本结构的变化特征,本章研究了产权性质、债务税盾与资本结构的关系。研究发现:

(1)企业所得税改革前,税率降低(高税率)企业和税率提高(低税率)企业两类企业债务水平存在很大差异,税率降低(高税率)企业债务水平明显地高于税率提高(低税率)企业;所得税改革后,税率降低企业明显地降低了企业的债务水平,而税率提高企业明显地提高了企业的债务水平,二者债务水平趋于一致。这一研究结论与资本结构理论预期一致。与此同时,我们还发现在控制"收入效应"和其他因素影响的条件下,企业获得的"与投资有关的税盾"与企业的债务水平变化负相关,支持了"与投资有关的税盾"与"债务税盾"之间的"替代效应"假说。

(2)接近"税收耗损状态"的企业受到税率变化的影响较小,税率降低企业和税率提高企业不存在显著的差异。但是伴随着实际税率的上升,企业偏离"税收耗损"状态程度越大,税率变化的影响越显著,因而税率降低企业较税率提高企业而言负债比例的降低越显著。

(3)税率提高企业中,非国有企业比国有企业增加更多的债务;税率降低企业中,非国有企业比国有企业减少更多的债务。这一检验结果表明,非国有企业与国有企业相比在资本结构决策中更多地考虑税收因素,在税收筹划方面更为激进。

本章丰富了以下三个方面的学术文献:(1)企业所得税与资本结构的关系。本章以国内企业所得税改革为契机,研究企业所得税政策这一外生性变化对企业资本结构的影响。研究结果发现西方资本结构理论中的"差别税收"假说以及"与投资有关的税盾"与债务税盾的"替代效应"假说在中国这样处于转型发展中的国家同样适用。(2)产权性质对企业所得税与资本结构关系的影响。国外学者Myers(2003)以及国内学者唐国正和刘力(2006)都认为制度是影响资本结构的重要因素,资本结构的理论不是放之四海皆准的理论。本章基于我国特有的制度背景,考察并发现产权性质(国有、非国有)会影响企业所得税与资本结构的关系。(3)产权性质与税收筹划激进程度的关系。

国外从代理成本角度研究税收筹划激进程度的文章不多（Chen et al.，2010），因而Scholes等（2005）以及Desai和Dharmapala（2006）都呼吁学者更多地从代理角度进行研究。此外，Shackelford和Shevlin（2001）也指出组织因素（如内部人控制、所有权结构等）是税收筹划激进程度的重要决定因素。本章基于我国国有企业与非国有企业代理问题方面的差异，研究发现不同产权性质下（国有、非国有）税收因素对资本结构的影响存在差异，间接获得了产权性质影响企业税收筹划激进程度的证据。

第5章　计税工资制、非债务税盾与资本结构

Modigliani 和 Miller（1958）在严格无税收的假设条件下，推导出企业价值与资本结构无关的结论（下文简称"MM理论"）。Modigliani 和 Miller（1963）之后又对"MM理论"进行修正，加入企业所得税因素，推导得出由于债务利息具有避税作用，因此企业价值随债务水平增加而提高，最优资本结构是100%债务。这与现实情况显然是不符的，Baxter（1967）认为由于债务过多会增加企业的破产风险，因此最优资本结构是权衡债务"税盾价值"和破产成本后的结果。尽管如此，与债务引起的破产成本相比，企业债务带来的"税盾价值"似乎要远大于破产成本，那么为什么企业负债水平如此之低呢？该问题一直困扰着学术界，被称作"负债过低之谜"（Miller, 1977; Graham, 2000）。

DeAngelo 和 Masulis（1980）从"非债务税盾"角度出发，通过理论研究表明"非债务税盾"会对"债务税盾"产生替代效应，这在一定程度上解释了"负债过低之谜"。在此之后，学者们通过经验证据支持了"替代效应"假说：MacKie-Mason（1990）和 Dhaliwal 等（1992）研究发现，"与投资有关的税盾"与债务水平负相关；Graham 和 Tucker（2006）收集分析了44件涉税处罚案例，发现企业通过转移定价、财产保险等经营活动产生的大量"非债务税盾"与债务水平负相关，该项研究拓展了"非债务税盾"的范畴；Graham 等（2004）基于经验数据研究发现，"雇员股票期权"产生的税收收益也与债务水平负相关。做过类似的研究还有 Kahle 和 Shastri（2005）和 Aier 和 Moore（2008）。学者们一直在不断拓展"非债务税盾"的研究范围，以求逐渐解开"负债过低"的谜题。囿于成本归集、信息披露等问题，企业提供给职工的薪酬在当期可以抵扣

的额度较难准确衡量,这也是制约该领域研究发展的重要障碍。中国由于自身经济体制的特征,在企业改制以及国家税制转型的过程中,一度使用限额扣除政策[①]来限制工资薪金的税前抵扣额度,并不断改变限额扣除标准,这为准确衡量"工资税盾"[②],研究工资税盾与资本结构的关系提供了独一无二的契机。

本章后续内容安排如下:第 1 节提出本书的研究假设;第 2 节为本书的研究设计,包括样本筛选与模型设计;第 3 和第 4 节为实证结果及解释;第 5 节为稳健性检验;第 6 节为本章的研究结论及启示。

5.1 理论分析与研究假设

5.1.1 工资税盾与资本结构关系:基于计税工资制的分析

DeAngelo and Masulis(1980)构建了包括"债务税盾"(Debt-Related Tax Shields)与"非债务税盾"(Non-Debt-Related Tax Shields)对资本结构影响的最优资本结构模型,他们预测当税法导致企业可使用的"与投资有关的税盾"(Investment-Related Tax Shields)发生变化时,由于"与投资相关税盾"的替代,"债务税盾"会发生相反的变化。例如,当企业可使用的"投资相关税盾"由于税法变化而增加时,企业会倾向于减少"债务税盾",进而保证税盾的总体水平相对不变。这种效应被称作"替代效应"。此后,国内外学者的研究都发现"与投资有关的税盾"与企业的债务水平之间存在"替代效应"(MacKie-Mason, 1990; Trezevant, 1992;等等)。企业支付给职工的薪酬可以在税前进行抵扣,为企业提供了另一种形式的"非债务税盾"——"工资税盾"。西方学者由于受到数据的限制,只能检验特殊形式的"工资税盾"与债务水平的

---

① 限额扣除政策规定了企业可以抵扣的工资薪金限额,超过限额外的工资薪金支出不允许抵扣。

② 尽管"雇员股票期权"也属于员工薪酬的范畴,但本章研究的是一般性的员工薪酬,即日常支付的工资薪金,国外学者由于数据的限制尚未开展过研究。本章研究的"工资税盾"规模更大,并且在不同企业中更具有一般性,与已有的研究成果并不同。

关系。Graham 等（2004）基于企业为职工提供的"雇员股票期权"研究发现，企业为雇员提供的股票期权作为一种"工资税盾"，能够显著地降低企业的边际税率，进而作为一种"非债务税盾"能够替代企业的"债务税盾"。Kahle 和 Shastri（2005）更为直接地研究雇员股票期权给企业带来的"非债务税盾"与企业长、短期债务之间的关系，研究发现长期债务与短期债务都与此种形式的"工资税盾"负相关，做过类似的研究的还有 Aier 和 Moore（2008）。国内企业在 2008 年以前实行"限额计税工资制"，规定了企业可以限额扣除的工资标准，由于该项政策规定企业可以税前扣除工资的限额标准，而该标准往往又低于实际发放的工资，因而这给衡量企业的工资税盾的多寡提供了机会。如 2005 年规定每人每月可抵扣的标准为 800 元，以平均雇佣 3 277 人为例（见表 5-2），那么全年最高可税前抵扣的工资薪金约为 3 146 万，假设企业借款成本为 10%，则这些工资薪金提供的税盾相当于 3.15 亿元借款产生的"债务税盾"，占企业总资产的比例约为 9%。可见工资薪金提供的"非债务税盾"在企业"非债务税盾"中占比非常高，构成企业非常重要的"非债务税盾"，并不是可以忽略的、微不足道的因素（MacKie-Mason, 1990）。Liu 和 Cao（2007）基于中国上市公司数据的研究也发现，企业雇佣的员工数越多，企业的实际税率越低，可见企业支付给职工的薪酬是企业重要的"非债务税盾"。因此，企业"债务税盾"与"工资税盾"之间存在替代关系。综合上述分析，本章提出如下的研究假设。

假设 5-1：在控制其他因素影响的条件下，工资税盾与债务水平负相关。

5.1.2　计税工资扣除限额标准变化与资本结构调整关系分析

如果企业"工资税盾"与"债务税盾"之间存在"替代效应"，那么"工资税盾"变化就有可能引起企业债务水平的变化。Kahle 和 Shastri（2005）通过研究雇员股票期权提供的"工资税盾"变化与债务水平调整之间的关系，发现雇员股票期权提供的"工资税盾"变化与债务水平变化负相关，支持"替代效应"假说。国内学者基于我国 2008 年企业所得税改革，研究发现企业在税改中获得的"与投资有关的税盾"与债务水平负相关，同样支持"替代效应"假说。上述研究都表明"非债务税盾"变化与债务水平变化负相关。

为了平衡内外资企业的税负差异和顺应企业员工工资增长的客观需要，《财政部国家税务总局关于调整企业所得税工资支出税前扣除政策的通知》

（财税〔2006〕126号）规定，自2006年第3季度开始，计税工资扣除限额标准从800元/(人·月)变为1 600元/(人·月)。计税工资标准调整之前，2005年内资企业所得税相关条例规定每人每月可抵扣的工资限额为800元，以平均雇佣4 000人为例，企业每年最高可税前抵扣的工资薪金约为3 840万元，事实上，2005年我国的职工年平均工资为18 364元[1]，要远高于当年的限额扣除标准9 600元/(人·年)，这意味着企业基本可以完全扣除计税工资的限额。而如果假设企业借款成本为10%，那么这些工资薪金提供的税盾大约相当于3.84亿元借款产生的"债务税盾"，与资产平均值44.35亿元相比，这些借款占总资产的比例为8.66%，可见工资薪金提供的"非债务税盾"非常重要，并不是可以忽略的、微不足道的因素（MacKie-Mason，1990）。而从2006年第3季度开始，计税工资扣除限额标准从800元/(人·月)提高到1 600元/(人·月)，如果企业可以完全享受该项政策带来的扣除，意味着工资薪金形式的"非债务税盾"将翻一番。事实上，2006年计税工资调整后的扣除标准是19 200元/(人·年)，仍要低于当年的职工年平均工资21 001元[2]。当然，由于需要排除工资分布差异等因素，企业总体上可能无法完全享受该项扣除政策变化带来的全部扣除[3]。但是无论如何，企业在计税工资扣除限额标准提高后"工资税盾"会大幅提高。如果"替代效应"存在，那么企业新增的"工资税盾"会实质性地降低企业的边际税率，进而会对"债务税盾"产生替代作用，即企业在计税工资扣除限额标准提高后将会降低债务水平。综合上述分析，本章提出如下的研究假设。

假设5-2：在控制其他因素影响的条件下，计税工资扣除限额标准提高后，企业将降低债务水平。

---

[1] 中华人民共和国2005年职工年平均工资，资料来源于CCEB中国经济金融数据库。
[2] 中华人民共和国2006年职工年平均工资，资料来源于CCEB中国经济金融数据库。
[3] 计税工资扣除限额标准规定的仅仅是最高可抵扣的限额，当实际支付给员工的工资低于扣除限额标准时，企业只能税前扣除实际发放给员工的工资薪金。行业与企业盈利能力等差异可能使得并非每个企业在此次税改中都能完全获得新增的800元/(人·月)的"工资税盾"；此外，内部员工间工资薪酬差异也可能使得并非企业支付给每个人的工资都能获得新增的800元/(人·月)的"工资税盾"。如果标准变化后企业实际发放的工资低于1 600元/(人·月)，那么企业实际获得的新增"工资税盾"并非800元/(人·月)，不过这将不利于我们发现结果，因此无须考虑这种情况。

5.2 研究设计

5.2.1 样本选择

研究初选样本为2005—2007年间A股非金融类上市公司。基于研究问题的不同,我们分别选用年度和季度数据研究"工资税盾与资本结构关系"和"计税工资扣除限额标准变化与资本结构调整"两个问题:

研究工资税盾与资本结构关系问题的初选样本为2005—2007年间A股非金融类上市公司,共4 270个"企业—年度"样本,表5-1中的A组为研究工资税盾与资本结构关系样本的筛选过程:(1)剔除外商投资和中外合资经营企业共计389个样本,因为外商投资和中外合资经营企业不存在计税工资限额扣除的问题;(2)剔除软件开发和集成电路制造业企业共计245个样本,由于这一类企业实施据实扣除政策,为稳健起见,我们剔除了依据证监会行业分类标准中以G开头的上市公司;(3)剔除执行"工效挂钩"制度的企业共计401个样本(剔除原因见前文制度背景);(4)剔除ST/PT企业样本共计353个样本,因为这一类企业财务状况比较特殊;(5)剔除研究所用数据有缺失的企业样本213个;(6)剔除非平衡面板企业样本共计575个[①]。经过上述步骤,形成最终样本共计2 094个"企业—年度"样本。

研究计税工资扣除限额标准变化与资本结构调整问题的初选样本为2005年第1季度至2007年第4季度间A股非金融类上市公司,共17 071个"企业—季度"样本,表5-1中的B组为研究工资税盾变化与资本结构调整所用样本的筛选过程:(1)剔除外商投资和中外合资经营企业季度样本1 556个;(2)剔除软件开发和集成电路制造业企业季度样本980个;(3)剔除执行"工效挂钩"制度企业季度样本1 604个;(4)剔除ST/PT企业季度样本1 412个;(5)剔除研究所用数据有缺失的企业季度样本782个;(6)剔除非平衡面板数据企业

---

① 后文使用回归模型检验工资税盾与资本结构关系使用的是2005—2007年三年的平均值,非平衡面板数据无法计算三年的平均值,故将其剔除。

季度样本 3 189 个。经过上述步骤,形成最终样本共计 7 548 个"企业—季度"样本。

表 5-1 样本选择

A 组:工资税盾与资本结构关系研究样本筛选过程

样 本	企业—年度	描述
初选样本	4 270	2005—2007 年间 A 股上市公司年度样本
第(1)步	(389)	剔除外商投资和中外合资经营企业样本
第(2)步	(245)	剔除软件开发和集成电路制造业企业(证监会行业分类标准中以 G 开头的上市公司)
第(3)步	(401)	剔除执行"工效挂钩"制度企业样本
第(4)步	(353)	剔除 ST/PT 企业样本
第(5)步	(213)	剔除研究所用数据有缺失的企业样本
第(6)步	(575)	剔除非平衡面板数据企业样本
最终样本数	2 094	最终样本 698 家企业,3 年共 2 094 个样本

B 组:计税工资扣除限额标准变化与资本结构调整研究样本筛选过程

样 本	企业—季度	描述
初选样本	17 071	2005—2007 年间 A 股上市公司季度样本
第(1)步	(1 556)	剔除外商投资和中外合资经营企业样本
第(2)步	(980)	剔除软件开发和集成电路制造业企业(证监会行业分类标准中以 G 开头的上市公司)
第(3)步	(1 604)	剔除执行"工效挂钩"制度企业样本
第(4)步	(1 412)	剔除 ST/PT 企业样本
第(5)步	(782)	剔除研究所用数据有缺失企业样本
第(6)步	(3 189)	剔除非平衡面板数据企业样本
最终样本数	7 548	最终 629 家企业,12 个季度共 7 548 个样本

注:研究所用数据来源于 CCER 中国经济金融数据库、CSMAR 数据库和 WIND 数据库。

5.2.2 模型设计

5.2.2.1 工资税盾与资本结构关系检验

$$Leverage = \alpha + \beta_1 WageShields + \beta_2 ROA + \beta_3 SIZE + \beta_4 SGR \\ + \beta_5 NDTS + \beta_6 TANGI + \sum_{i=1}^{18} \eta_i Industry_i + \varepsilon \quad (5\text{-}1)$$

模型 5-1[即式(5-1)]使用上市公司的年度数据。其中,$Leverage$ 为企业债务水平,由于研究影响企业所得税的债务,因而使用有息债务水平[①]计量;WageShields 为职工工资薪金可以提供的"工资税盾",与第4章中模型一样,用员工人数(单位为万人,下文同)衡量。其余变量为借鉴之前文献设置的控制变量:ROA 为资产报酬率,衡量企业的盈利水平,等于企业净利润除以总资产,依据"优序融资理论",ROA 与企业债务水平负相关(Rajan and Zingales,1995;Titman and Wessels,1988);SIZE 为企业的规模,衡量方法为取企业总资产的自然对数,预期与企业债务水平正相关(Huang and Song,2006);SGR 为销售收入增长率,衡量企业的成长性;NDTS 为企业的"与投资有关的税盾"水平,衡量方法为企业当期发生的折旧与摊销之和除以总资产,依据"替代效应"假说(DeAngelo and Masulis,1980),该变量与债务水平负相关;TANGI 为企业有形资产比率,衡量方法为企业固定资产除以总资产,该变量与债务水平正相关(Jensen and Meckling,1976;Harris and Raviv,1991);$Industry_i$ 为行业虚拟变量,如果企业属于行业 i 则为1,否则为0。

依据研究假设,企业工资税盾与资本结构负相关,预期 β_1 显著为负。

5.2.2.2 计税工资扣除限额标准变化与资本结构调整

$$Leverage = \alpha + \beta_1 POST + \beta_2 ROA + \beta_3 SIZE + \beta_4 SGR + \beta_5 NDTS \\ + \beta_6 TANGI + \sum_{i=1}^{18} \eta_i Industry_i + \sum_{j=1}^{3} \lambda_j Quarter_j + \varepsilon \quad (5-2)$$

模型5-2[即式(5-2)]使用上市公司的季度数据。其中,Leverage 为企业债务水平,由于研究的是影响企业所得税的债务,因而使用有息债务水平计量;POST 为表示政策变化的虚拟变量,政策实施以后(2006年第3季度至2007年第4季度)为1,否则为0。其余变量为借鉴之前文献设置的控制变量:ROA 为企业的盈利水平,等于企业净利润除以总资产,预期与企业债务水平负相关;SIZE 为企业的规模,衡量方法为取企业总资产的自然对数,预期与债务水平正相关;SGR 为企业的成长能力,衡量方法为企业当期销售收入与上年同期相比的增长率;NDTS 为企业的"与投资有关的税盾"水平,衡量方法为企业当期发生的折旧与摊销之和除以总资产,预期与债务水平负相关;TANGI 为企业有形资产水平,为企业固定资产与总资产的比例,预期与债务水平正相关;$Industry_i$ 为行业虚拟变量,如果企业属于行业 i,则为1,否则为0;

---

① 本书使用的有息债务包括短期借款、一年内到期的长期借款、长期借款和应付债券。

$Quarter_j$ 为季度虚拟变量,用以控制企业债务水平在时间序列上的"季度"效应(Korajczyk and Levy,2003),属于季度 j 则为1,否则为0。

依据研究假设,计税工资扣除限额标准提高后,企业显著降低债务水平,预期 β_1 显著为负。

5.3 实证结果与解释：工资税盾与资本结构关系

5.3.1 描述性统计

表5-2为研究所用变量的描述性统计。为了控制变量年度间随机性变动对检验模型的不利影响,借鉴Kahle和Shastri(2005)的方法,本章使用2005—2007年3年间所有变量的平均值进行统计检验。所有变量在第1和第99百分位数上进行"缩尾处理"(Winsorize)。观察表5-2,有息债务占企业总资产的比例(IBDTA)平均为24.9%左右,其中短期有息债务占总资产的比例(IBSTDTA)平均为18.3%左右,长期有息债务占总资产比例(IBLTDTA)平均为6.5%左右,可见我国企业有息债务以短期为主。比较长期和短期有息债务水平账面价值的均值和标准差可知,企业间长期有息债务水平的差异要大于企业间短期有息债务水平的差异。与账面价值相比,短期、长期以及总有息债务水平市场价值都要低于其账面价值,不过其他特征规律基本一致。企业可以税前抵扣工资的员工数平均为3 277人,以1 200元/(人·月)计算的话,企业平均每年可以税前抵扣的工资产生的税盾高达4 718.88万元[①],此外,企业可以抵扣的工资税盾差异非常大,最少的企业只能限额抵扣49人,而最多的企业则可以限额抵扣24 757人。企业的实际税负

[①] 2005年到2007年三年间每人每月企业可以抵扣的限额从800元变化到1 600元:2005年到2006年6月可以抵扣的限额为800元/(人·月),2006年7月到2007年可以抵扣的限额为1 600元/(人·月)。三年可以抵扣的限额平均为1 200元/(人·月),一年可以抵扣的限额为14 400元/(人·年),企业平均雇佣3 277个人,因而每年可以获得的工资税盾最高达4 718.88万元,假设贷款利率平均为10%,则企业工资薪金产生的税盾相当于近4.7亿元借款产生的税盾。

表 5-2 描述性统计

变量	样本数	均值	标准差	最小值	中位数	最大值
IBDTA	698	0.249	0.141	0.000	0.247	0.583
IBSTDTA	698	0.183	0.110	0.000	0.179	0.460
IBLTDTA	698	0.065	0.084	0.000	0.033	0.391
IBDTA_M	698	0.166	0.110	0.000	0.156	0.451
IBSTDTA_M	698	0.121	0.082	0.000	0.113	0.340
IBLTDTA_M	698	0.044	0.061	0.000	0.021	0.295
WageShields	698	3 277	4 305	49	1 851	24 757
ETR	698	0.306	0.216	−0.023	0.265	1.141
ROA	698	0.033	0.043	−0.103	0.030	0.174
SIZE	698	21.445	0.934	19.440	21.365	24.454
SGR	698	0.238	0.287	−0.247	0.187	1.776
NDTS	698	0.029	0.016	0.001	0.026	0.085
TANGI	698	0.320	0.176	0.008	0.291	0.804

注：表中所有变量为2005—2007年三年的平均值，所有变量在第1和第99百分位上进行缩尾处理。IBDTA为企业有息债务水平账面价值，衡量方法为企业有息债务与总资产的比例；IBSTDTA为企业短期有息债务水平账面价值，衡量方法为企业短期有息债务与总资产的比例；IBLTDTA为企业长期有息债务水平账面价值，衡量方法为企业长期有息债务与总资产的比例；IBDTA_M为企业有息债务水平市场价值，衡量方法为企业有息债务与负债账面价值和所有者权益市场价值之和的比值；IBSTDTA_M为企业短期有息债务水平市场价值，衡量方法为企业短期有息债务与负债账面价值和所有者权益市场价值之和的比值；IBLTDTA_M为企业长期有息债务水平市场价值，衡量方法为企业长期有息债务与负债账面价值和所有者权益市场价值之和的比值；WageShields为职工工资薪金可以提供的"工资税盾"水平，用员工人数衡量；ETR为企业实际税负水平，衡量方法为企业所得税费用与税前利润的比值[①]；ROA为企业的盈利水平，等于净利润除以总资产；SIZE为企业规模变量，等于企业总资产的自然对数；SGR为企业销售收入的增长率；NDTS为企业"与投资有关的税盾"，衡量方法为企业当期折旧与摊销之和除以总资产；TANGI为企业有形资产水平，衡量方法为企业固定资产除以总资产。

（ETR）平均为30.6%，略低于法定最高税率33%，此外不同企业之间的差异较大（标准差为0.216）。资产报酬率（ROA）平均为3.3%，最差的企业亏损10.3%，最好的企业盈利17.4%。资产规模（SIZE）在19.440和24.454之间。销售收入增长率（SGR）分布比较分散，表明不同上市公司的经营情况差异比较大。"与投资有关的税盾"（NDTS）差异比较大，最小值为0.001，最大值为

---

① 借鉴Terando和Omer(1993)的做法，若企业税前利润小于0而所得税费用大于0，则当期ETR为1；若企业税前利润小于0并且所得税费用也小于0，则ETR为0。

0.085，表明不同企业可以替代"债务税盾"的"与投资有关的税盾"的差异比较大。有形资产比率（TANGI）反映的是企业对债务的担保能力，不同企业担保能力悬殊比较大，最小值不到0.008，最大值为0.804，两者间相差近百倍。

5.3.2 工资税盾与实际税率关系检验

当企业的工资税盾降低了企业的实际税率，影响到借款利息的税盾价值时，会使得企业借款的激励下降，进而使得企业的资本结构发生变化。因此，在检验工资税盾与资本结构之间的关系前，本节首先检验工资税盾与实际税率之间的关系。借鉴Chen等（2010）、吴联生和李辰（2007）、吴文锋等（2009）以及吴联生（2009）等的研究，构建如下回归模型：

$$ETR = \alpha + \beta_1 WageShields + \beta_2 SIZE + \beta_3 Leverage + \beta_4 ROA \\ + \beta_5 CAPINT + \beta_6 INVINT + \beta_7 MTB + \varepsilon \quad (5\text{-}3)$$

ETR为公司的实际税率变量。从经济学角度出发，实际所得税税率可以定义为：ETR=所负担的所得税/税前经济收益（王延明，2002）。依据之前学者的总结，计算实际所得税税率时通常需要考虑两个方面的问题：其一，所负担所得税的衡量问题，即实际所得税税率计算公式中分子的测度问题。根据我国上市公司执行的《企业会计制度》和《企业会计准则》，2007年以前，我国上市公司可以采用"应付税款法"和"纳税影响会计法"两种方法计量所得税费用。在"应付税款法"下，企业会计报表中的所得税费用即为当期实际缴纳的所得税费用。2007年以后，上市公司核算所得税费用的方法发生了变化，所有上市公司只能采用"资产负债表债务法"，新方法计量所得税费用时不仅包括当期应当缴纳的所得税费用，还要包括递延所得税费用。为了实现数据上的匹配，计量实际所得税税率的分子使用当期应当缴纳的所得税[①]。其二，税前经济收益的衡量问题，即实际所得税税率计算公式中分母的测度问题。基于之前学者Chen等（2010）的文献，本章构建如下指标：实际税率=当期应当缴纳的企业所得税/税前利润。借鉴Terando和Omer（1993）、Gupta和

---

① 2007年以后上市公司在报表附注中会详细披露所得税费用的构成，通过翻阅年报，本书手工收集2007年以后企业的"本/当期所得税费用"数据，即企业当期应当缴纳的所得税费用数据。该数据与2007年以前"应付税款法"下的所得税费用科目一致，实现了数据上的匹配。

Newberry(1997)以及 Adhikari 等(2006)的通常做法,如果分子为负[①],则无论分母为正或者为负,企业实际所得税税率均为0;当分子为正,分母为负时,则企业实际所得税税率为1。

WageShields 为职工工资薪金可以提供的"工资税盾",用员工人数[②]衡量。SIZE 为企业规模变量,衡量方法为取企业期末总资产的自然对数,依据"政治成本"假说,企业规模与税收筹划激进程度负相关(Zimmerman,1983;吴联生,2009),不过也有学者发现该变量与税收筹划激进程度正相关或者不相关(Porcano,1986;吴文锋等,2009);*Leverage* 为企业的债务水平变量,衡量方法为企业期末总债务与总资产的比例,与税收筹划激进程度之间的关系不确定(Chen et al.,2010);*ROA* 衡量企业的盈利能力,为企业当期利润与总资产的比例,与税收筹划激进程度可能正相关,也可能不相关(Adhikari et al.,2006;Chen et al.,2010);*CAPINT* 为企业资本密集度,衡量方法为企业期末固定资产占总资产的比例;*INVINT* 为存货密集度,衡量方法为企业期末存货占总资产的比例;*MTB* 为企业所有者权益的市场价值与账面价值之比,衡量企业的成长性,之前文献表明企业成长性与税收筹划激进程度之间存在正相关关系,也可能不相关(Gupta and Newberry,1997;Adhikari et al.,2006)。所有连续型变量都在第1和第99百分位上进行"缩尾处理"。依据理论预期,企业工资税盾与实际税率负相关,预期 β_1 显著为负。

表5-3为研究工资税盾对实际税率影响的普通最小二乘法检验结果。模型拟合效果较好,调整后的 R^2 值为0.192%,模型整体在1%的水平上显著(F值为22.18)。观察表中解释变量 *WageShields* 的系数可知,工资税盾与企业实际税率负相关,且在10%的水平上统计显著(双尾检验),与 Liu 和 Cao(2006)

---

① 企业所得税政策中的"税收返还"和所得税计量的会计政策都可能使得当期的所得税费用为负,例如,2002年以前,我国上市公司普遍存在企业所得税"先征后返"的政策,如果当期的所得税费用低于上一期所得税费用当期的返还额,则当期的所得税费用为负。

② 研究样本期间为2005—2007年,在此期间,企业所得税相关法律规定企业支付给职工的工资薪金执行税前限额抵扣政策,即每人每年抵扣不超过一定限额。在前文所还的制度背景中,通过分析我们发现,限额扣除的限额实际上都要低于员工工资,如2005年企业可以抵扣的限额为800元/(人·月),这一金额实际上要远低于当年企业支付给员工的工资,据此可以推断企业获得的工资薪金税盾与员工人数成正比,因此本章用员工人数衡量企业获得的与工资相关的税盾。

得到的结论比较一致。该结果表明由于工资可以在税前抵扣,而且工资抵扣额占企业利润的比重较大,因而其增加能够显著地降低企业的实际税率。其余变量为控制变量,结果与之前文献中发现的结论比较接近:企业盈利能力(ROA)与实际税率负相关(-2.219),这与学者 Gupta 和 Newberry(1997)、Derashid 和 Zhang(2003)以及吴文锋等(2009)发现的结果一致;企业规模变量(SIZE)与实际税率正相关,不过统计不显著;债务水平变量(Leverage)与实际税率正相关,表明企业的财务报告成本越高,实际税率越高,符合盖地和胡国强(2012)的理论预期;企业的成长性(MTB)与实际税率正相关,这与吴联生(2009)得到的结论类似。资产构成的两个变量资本密集度(CAPINT)和存货密集度(INVINT)的系数都不显著。

表 5-3 工资税盾与实际税率关系检验

因变量:	ETR	
	系数	t 值
WageShields	-0.028*	-1.66
ROA	-2.219***	-8.28
SIZE	0.018	1.61
Leverage	0.159**	2.36
MTB	0.035***	4.11
CAPINT	-0.018	-0.32
INVINT	0.018	0.26
截距	-0.158	-0.70
样本数	698	
F 值	22.18***	
调整后的 R^2 值	0.192	

注:该表报告了研发支出与企业实际税率关系的 OLS 回归结果。因变量为企业的实际税率 ETR,衡量方法为企业当期应当缴纳的企业所得税与税前利润的比值。解释变量 WageShields 为企业的工资税盾水平,衡量方法为企业人数(万人)。其余为控制变量:ROA 为企业的资产收益率,衡量方法为企业净利润与总资产的比值;SIZE 为企业的规模变量,衡量方法为企业总资产的自然对数;Leverage 为企业的债务水平,衡量方法为企业负债与总资产的比值;MTB 为企业"市值账面比",衡量方法为企业当年末总市值与权益账面价值的比值;CAPINT 为企业的资本密集度,衡量方法为企业固定资产与总资产的比值;INVINT 为企业的存货密集度,衡量方法为企业存货与总资产的比值。括号内为依据稳健性标准误(White,1980)计算的 t 值;*、**、*** 分别表示在 10%、5% 和 1% 的水平上统计显著。

5.3.3 工资税盾与资本结构关系检验

表5-4为检验有息债务水平与工资税盾关系的回归结果。模型（1）～模型（4）的被解释变量为企业有息债务水平的账面价值，模型（5）～模型（8）的被解释变量为企业有息债务水平的市场价值。由于有息债务水平不可能为负，因而除了使用OLS回归以外[见表5-4中的模型（1）、模型（2）、模型（5）、模型（6）]，本书也使用下限为0的Tobit回归，回归结果见表5-4中的模型（3）、模型（4）、模型（7）、模型（8）。模型整体拟合效果较好，R^2值在0.294～0.386之间，对数似然函数值在456～675.9之间，使用有息债务水平市场价值作为被解释变量的模型拟合效果要好于使用有息债务水平账面价值的拟合效果。

观察表5-4中"工资税盾"变量（*WageShields*）的回归结果可知，所有模型中"工资税盾"变量系数都为负，且在1%的水平上显著，支持本章的假设5-1，表明"工资税盾"与企业有息债务之间存在"替代效应"。"工资税盾"变量的系数在-0.04左右，以平均雇佣人数3 277（见表5-2）来看，企业"工资税盾"降低有息债务水平约为0.013（0.3277×0.04≈0.013），使得企业减少5.2%（0.013/0.249≈0.052）左右的债务。从OLS模型的R^2值（见表5-4）可知：考虑工资税盾的影响后，以有息债务水平账面价值作为被解释变量的资本结构模型解释能力提高约2.7%（0.302/0.294-1≈0.027）；以有息债务水平市场价值作为被解释变量的资本结构模型解释能力提高约2.4%（0.386/0.377-1≈0.024）。表中其余变量为借鉴之前文献设置的控制变量，回归结果与前人文献基本一致：企业盈利能力（*ROA*）与债务水平负相关，符合"优序融资理论"的假设预期（Rajan and Zingales, 1995；Titman and Wessels, 1988）；企业规模（*SIZE*）与债务水平正相关（Huang and Song, 2006）；企业成长能力（*SGR*）与债务水平正相关；企业"非债务税盾"水平与债务水平之间负相关，即二者间存在"替代效应"（DeAngelo and Masulis, 1980）；企业有形资产能够为债务提供担保，有形资产比例（*TANGI*）衡量了企业能够为债务提供担保的资产水平，因而与债务水平正相关，与之前学者的研究结论一致（Harris and Raviv, 1991；Jensen and Meckling, 1976）。

表 5-4 工资税盾与有息债务水平

因变量		IBDTA						IBDTA_M	
		OLS 回归		Tobit 回归		OLS 回归		Tobit 回归	
	预测符号	系数（1）	t值（2）	系数（3）	t值（4）	系数（5）	t值（6）	系数（7）	t值（8）
自变量		模型（1）	模型（2）	模型（3）	模型（4）	模型（5）	模型（6）	模型（7）	模型（8）
WageShields	−		−0.042***		−0.043***		−0.036***		−0.037***
			(−2.66)		(−2.84)		(−2.97)		(−3.33)
ROA	−	−1.050***	−1.048***	−1.101***	−1.100***	−0.956***	−0.955***	−1.004***	−1.002***
		(−8.71)	(−8.66)	(−9.29)	(−9.33)	(−10.68)	(−10.59)	(−11.51)	(−11.59)
SIZE	+	0.037***	0.048***	0.039***	0.050***	0.043***	0.053***	0.045***	0.054***
		(6.75)	(6.69)	(7.20)	(7.51)	(10.47)	(9.88)	(11.45)	(11.27)
SGR	?	0.045**	0.045**	0.046***	0.045***	0.026*	0.026*	0.026**	0.026**
		(2.35)	(2.36)	(2.61)	(2.60)	(1.88)	(1.87)	(2.06)	(2.05)
NDTS	−	−1.996***	−1.716***	−2.049***	−1.765***	−1.039***	−0.798***	−1.084***	−0.839***
		(−3.86)	(−3.26)	(−4.74)	(−4.00)	(−2.71)	(−2.06)	(−3.42)	(−2.60)
TANGI	+	0.266***	0.267***	0.268***	0.269***	0.159***	0.160***	0.161***	0.162***
		(5.21)	(5.22)	(6.28)	(6.35)	(4.20)	(4.20)	(5.15)	(5.23)
Intercept	?	−0.586***	−0.820***	−0.547***	−0.781***	−0.805***	−1.006***	−0.776***	−0.977***
		(−4.85)	(−5.23)	(−4.76)	(−5.54)	(−8.91)	(−8.71)	(−9.20)	(−9.46)
Industry Dummies	?	控制	控制	控制	控制	控制	控制	控制	控制
Sigma _Cons				0.121***	0.120***			0.089***	0.088***
				(36.75)	(36.75)			(36.81)	(36.81)
样本数		698	698	698	698	698	698	698	698
R^2 值		0.294	0.302			0.377	0.386		
对数似然函数值				456.0	460.0			670.3	675.9

注：该表报告了分别以企业有息债务水平账面价值（IBDTA）和市场价值（IBDTA_M）为因变量的OLS和Tobit回归结果。企业有息债务水平账面价值计算方法为有息债务账面价值除以总资产的账面价值，企业有息债务水平市场价值计算方法为有息债务的账面价值除以债务账面价值与所有者权益期末市场价值之和。解释变量WageShields为工资有关税盾的观测变量，衡量方法为企业的人数（单位：万人）。其余变量为控制变量：ROA为企业资产回报率，计算方法为企业净利润除以总资产；SIZE为企业规模变量，衡量方法为企业总资产的自然对数；SGR为企业成长能力，衡量方法为企业销售收入的成长率；NDTS为企业的"与投资有关的税盾"，衡量方法为企业当期的折旧加摊销之和与企业总资产的比值；TANGI为企业有形资产比例，衡量方法为企业固定资产与总资产的比值；模型还包含行业虚拟变量。OLS回归参数估计的标准误为"Cluster"（企业）后的稳健性标准误，括号中为t值。由于企业的有息债务水平不可能小于0，Tobit回归设定因变量的下限值为0。OLS回归报告模型的R^2值，是为了对比工资税盾加入前后模型的解释能力；*、**、***分别表示在10%、5%和1%的水平上显著（双尾检验）。

5.3.4 工资税盾与资本结构关系：基于税收耗损状态的进一步检验

DeAngelo和Masulis（1980）预期"非债务税盾"与企业债务水平负相关，即"非债务税盾"与企业债务水平之间存在"替代效应"。在此之后，学者们发现了不一致的结论，甚至得到了相反的结论（Dammon and Senbet, 1988）。不过MacKie-Mason（1990）的研究表明当企业的"非债务税盾"实质性地影响到企业接近"税收耗损状态"的概率时，企业的边际税率才会下降进而促使企业降低债务水平，实证结果也支持了该结论。为了检验税收耗损状态对工资税盾与资本结构替代关系的影响，借鉴Trezevant（1992）的做法，构建如下回归模型：

$$Leverage = \alpha + \beta_1 WageShields + \beta_2 ETR + \beta_3 WageShields \times ETR + \beta_4 ROA +$$

$$\beta_5 SIZE + \beta_6 SGR + \beta_7 NDTS + \beta_8 TANGI + \sum_{i=1}^{18} \eta_i Industry_i + \varepsilon \quad (5-4)$$

式（5-4）中，ETR为企业实际税率，用于衡量企业接近税收耗损状态的概率；WageShields×ETR为工资税盾与企业实际税率的交互项；其余变量为控制变量，不再赘述。依据理论预期，企业实际税率越低，则越接近税收耗损状态，相应地，"非债务税盾"越有可能替代"债务税盾"，即β_3应该显著为正。表5-5为基于税收耗损状态的实证检验结果，观察模型（1）～模型（4），工资税盾变量（WageShields）的系数都为负，且在1%的水平上统计显著，进一步支持了本章的假设5-1，即"工资税盾"与"债务税盾"负相关，二者之间存在"替代效应"。工资税盾变量与企业实际税率的交互项（WageShields×ETR）的系数都为正，且在1%的水平上统计显著，与理论预期一致，表明当企业越接近税收耗损状态，即企业实际税率（ETR）越低，则"替代效应"越明显，与之前文献（Trezevant，1992；Graham et al.，2004；Aier and Moore，2008）的检验结果一致。Bae等（2011）从利益相关者角度出发，研究发现企业对员工的雇佣政策会影响资本结构，因而不排除本书发现的"替代关系"实为非税收原因所致，基于模型5-4[即式（5-4）]的检验结果在一定程度上排除了其他可能，进一步验证了税收视角解释的合理性。企业实际税率变量（ETR）与有息债务水平负相关，可能的原因是有息债务水平越高的企业实际税率越低，这与之前国内学者的检验结果一致（吴联生，2009；吴文锋等，2009）。其余变量的检验结果与前文的实证结果一致，不再赘述。

表 5-5 税收耗损状态、工资税盾与有息债务关系检验

因变量		IBDTA		IBDTA_M	
自变量	预测符号	OLS 回归	Tobit 回归	OLS 回归	Tobit 回归
		模型（1）	模型（2）	模型（3）	模型（4）
		系数（t 值）		系数（t 值）	
WageShields	−	-0.095***	-0.095***	-0.082***	-0.082***
		（-3.68）	（-4.18）	（-4.19）	（-4.92）
ETR	−	−0.075**	−0.077**	−0.043*	−0.044*
		（−2.23）	（−2.49）	（−1.78）	（−1.96）
WageShields×ETR	+	0.219***	0.217***	0.190***	0.189***
		（2.89）	（3.02）	（3.37）	（3.61）
ROA	−	−1.096***	−1.153***	−0.936***	−0.987***
		（−7.87）	（−8.55）	（−9.07）	（−10.00）
SIZE	+	0.046***	0.048***	0.052***	0.053***
		（6.50）	（7.31）	（9.63）	（11.06）
SGR	?	0.046**	0.047***	0.028**	0.028**
		（2.46）	（2.71）	（1.99）	（2.21）
NDTS	−	−1.644***	−1.691***	−0.761*	−0.800**
		（−3.09）	（−3.85）	（−1.95）	（−2.50）
TANGI	+	0.257***	0.259***	0.154***	0.155***
		（5.00）	（6.13）	（4.02）	（5.04）

续表

自变量	预测符号	因变量 IBDTA		因变量 IBDTA_M	
		OLS 回归 模型（1）	Tobit 回归 模型（2）	OLS 回归 模型（3）	Tobit 回归 模型（4）
		系数（t 值）		系数（t 值）	
Intercept	?	−0.741*** (−4.68)	−0.719*** (−5.08)	−0.932*** (−7.85)	−0.934** (−9.04)
Industry Dummies	?	控制	控制	控制	控制
Sigma _Cons			0.119*** (36.75)		0.087*** (36.81)
样本数		698	698	698	698
调整后的 R^2 值		0.286		0.375	
对数似然函数值			464.9		682.3

注：该表报告了以企业有息债务水平账面价值（市场价值）为因变量的 OLS 和 Tobit 回归结果。因变量为有息债务水平账面价值和市场价值。WageShields 为工资有关税盾的观测变量，衡量方法为企业的人数（单位：万人）。ETR 为企业实际税负水平，衡量方法为企业所得税费用与税前利润之比，ETR×WageShields 为 ETR 和 WageShields 变量的交互项。其余变量为控制变量：ROA 为企业资产回报率，计算方法为企业净利润除以总资产；SIZE 为企业规模变量，衡量方法为企业总资产的自然对数；SGR 为企业成长能力，衡量方法为企业销售收入的成长率；NDTS 为企业的"与投资有关的税盾"，衡量方法为企业当期的折旧加摊销与企业总资产的比值；TANGI 为企业有形资产比例，衡量方法为固定资产与总资产的比值；模型还包含行业虚拟变量。OLS 回归参数估计的标准误为"Cluster"（企业）后的稳健性标准误，括号中为 t 值。由于企业的有息债务水平不可能小于 0，Tobit 回归设定因变量的下限值为 0。*、**、***分别表示在 10%、5% 和 1% 的水平上显著（双尾检验）。

5.3.5　工资税盾与资本结构关系：基于产权性质的进一步检验

DeAngelo 和 Masulis（1980）预期"非债务税盾"与企业债务水平负相关，即"非债务税盾"与企业债务水平之间存在"替代效应"。前文实证检验结果表明企业可以抵扣的工资税盾水平与债务水平负相关，同样支持了"替代效应"假说。我国上市公司大部分为国有控股，这为检验国有和非国有企业之间的差异提供了样本。依据依据 Scholes 等（2002）提出的有效税务筹划理论，非国有企业较之国有企业在税收筹划方面更为激进，国内多位学者的研究成果支持了这一结论（吴联生，2009；郑红霞和韩梅芳，2008），那么是否国有企业与非国有企业在工资税盾与资本结构替代关系上存在差异呢？为此，在前文使用模型的基础上，本书分别依据国有企业（样本数：469）与非国有企

表 5-6 税收耗损状态、工资税盾与有息债务关系：国有企业样本的检验

因变量		IBDTA		IBDTA_M	
自变量	预测符号	OLS 回归	Tobit 回归	Tobit 回归	OLS 回归
		模型（1）	模型（2）	模型（3）	模型（4）
		系数（t 值）		系数（t 值）	
WageShields	−	−0.030*	−0.031*	−0.026*	−0.027*
		（−1.68）	（−1.78）	（−1.83）	（−2.05）
ROA	−	−1.347***	−1.389***	−1.248***	−1.287***
		（−8.79）	（−9.03）	（−10.63）	（−11.13）
SIZE	+	0.045***	0.046***	0.048***	0.049***
		（5.30）	（5.76）	（7.26）	（8.12）
SGR	?	0.101***	0.102***	0.061***	0.063***
		（4.24）	（4.13）	（3.68）	（3.38）
NDTS	−	−1.624***	−1.636***	−0.635	−0.643*
		（−2.69）	（−3.27）	（−1.42）	（−1.71）
TANGI	+	0.253***	0.255***	0.143***	0.145***
		（4.17）	（5.15）	（3.21）	（3.92）
Intercept	?	−0.766***	−0.707***	−0.860***	−0.856***
		（−3.85）	（−4.12）	（−5.54）	（−6.65）
Industry Dummies	?	Controlled	Controlled	Controlled	Controlled
Sigma_Cons			0.119***		0.089***
			（30.21）		（30.24）
样本数		469	469	469	469
调整后的 R^2 值		0.312		0.385	
对数似然函数值			317.5		451.3

注：该表报告了以企业有息债务水平账面价值（市场价值）为因变量的OLS和Tobit回归结果。因变量为有息债务水平账面价值和市场价值。WageShields为工资有关税盾的观测变量，衡量方法为企业的人数（单位：万人）。其余变量为控制变量：ROA为企业资产回报率，计算方法为企业净利润除以总资产；SIZE为企业规模变量，衡量方法为企业总资产的自然对数；SGR为企业成长能力，衡量方法为企业销售收入的成长率；NDTS为企业的"与投资有关的税盾"，衡量方法为企业当期的折旧加摊销之和与企业总资产的比值；TANGI为企业有形资产比例，衡量方法为固定资产与总资产的比值；模型还包含行业虚拟变量。OLS回归参数估计的标准误为"Cluster"（企业）后的稳健性标准误，括号中为t值。由于企业的有息债务水平不可能小于0，Tobit回归设定因变量的下限值为0。*、**、***分别表示在10%、5%和1%的水平上显著（双尾检验）。

（样本数：191）两组样本单独进行检验。①

表5-6为国有企业样本的检验结果，对比两种被解释变量下模型的拟合效果，以有息债务水平市场价值作为被解释变量的拟合效果要好于以有息债务水平账面价值作为被解释变量。由解释变量工资税盾（*WageShields*）的系数可知，模型（1）～模型（3）中该变量都在10%的水平上显著，模型（4）在5%的水平上显著，说明国有企业样本中工资税盾与资本结构之间存在"替代效应"。另外，观察系数大小可知，工资税盾变量的系数在-0.031～-0.026之间，表明公司每增加1万人，有息债务水平下降约3%。其余变量为控制变量，检验结果与前文基本一致，不再赘述。

表5-7为非国有企业样本的检验结果，与国有企业样本一样，以有息债务水平市场价值作为被解释变量的拟合效果要好于以有息债务水平账面价值作为解释变量。由解释变量工资税盾（*WageShields*）的系数可知，模型（1）～模型（4）中该变量都在1%的水平上显著，同样说明非国有企业样本中工资税盾与资本结构之间存在"替代效应"，与国有企业相比，工资税盾变量的显著性水平更高。另外，观察系数大小可知，工资税盾变量的系数在-0.102～-0.081之间，表明公司每增加1万人，有息债务水平下降大约9%，可见与国有企业相比，非国有企业的"替代效应"更为明显。通过Wald检验国有企业与非国有企业工资税盾系数的差异发现，在所有模型中系数都在5%的水平上统计显著，表明非国有企业相较于国有企业对税收更为敏感，工资税盾与资本结构间的替代关系更为显著。其余变量为控制变量，检验结果与前文基本一致，不再赘述。

---

① 国有企业样本数为469，非国有企业样本数为191，两类企业样本数之和（660）小于前文模型所用样本数（698），系剔除2005—2007年间产权性质发生变化的企业所致。

表 5-7　税收耗损状态、工资税盾与有息债务关系：非国有企业样本的检验

因变量		IBDTA		IBDTA_M	
		OLS 回归	Tobit 回归	OLS 回归	Tobit 回归
自变量	预测符号	模型（1）	模型（2）	模型（3）	模型（4）
		系数（t 值）		系数（t 值）	
WageShields	−	−0.100***	−0.102***	−0.081***	−0.082***
		（−3.47）	（−3.43）	（−4.38）	（−4.05）
ROA	−	−0.670***	−0.691***	−0.642***	−0.658***
		（−3.08）	（−3.31）	（−4.63）	（−4.61）
SIZE	+	0.0593***	0.0612***	0.0659***	0.0674***
		（4.30）	（5.06）	（7.48）	（8.15）
SGR	?	−0.0173	−0.0165	−0.0184	−0.0178
		（−0.65）	（−0.66）	（−0.95）	（−1.04）
NDTS	−	−0.440	−0.530	−0.354	−0.428
		（−0.36）	（−0.51）	（−0.40）	（−0.60）
TANGI	+	0.255**	0.258***	0.179**	0.182***
		（2.37）	（2.87）	（2.24）	（2.95）
Intercept	?	−1.074***	−1.044***	−1.294***	−1.252***
		（−3.63）	（−4.06）	（−7.01）	（−7.12）
Industry Dummies	?	Controlled	Controlled	Controlled	Controlled
Sigma_Cons			0.109***		0.074***
			（19.31）		（19.33）
P 值（SOE−NSOE ≠ 0）		0.031**	0.028**	0.014**	0.012**
样本数		191	191	191	191
调整后的 R^2 值		0.332		0.448	
对数似然函数值			146.6		218.6

注：该表报告了以企业有息债务水平账面价值（市场价值）为因变量的OLS回归和Tobit回归结果。因变量为有息债务水平账面价值和市场价值。WageShields为工资有关税盾的观测变量，衡量方法为企业的人数（单位：万人）。其余变量为控制变量：ROA为企业资产回报率，计算方法为企业净利润除以总资产；SIZE为企业规模变量，衡量方法为企业总资产的自然对数；SGR为企业成长能力，衡量方法为企业销售收入的成长值；NDTS为企业的"与投资有关的税盾"，衡量方法为企业当期的折旧加摊销之和与企业总资产的比值；TANGI为企业有形资产比例，衡量方法为固定资产与总资产的比值；模型还包含行业虚拟变量。OLS回归参数估计的标准误为"Cluster"（企业）后的稳健性标准误，括号中为t值。由于企业的有息债务水平不可能小于0，Tobit回归设定因变量的下限值为0。*、**、***分别表示在10%、5%和1%的水平上显著（双尾检验）。

5.4 实证结果与解释：计税工资扣除限额标准变化与资本结构调整

5.4.1 描述性统计

表5-8为研究所用变量季度值的描述性统计。所有变量在第1和第99百分位数上进行缩尾处理。观察表5-8，有息债务占企业总资产的比例（IBDTA）平均为26.0%左右，其中短期有息债务占总资产比例（IBSTDTA）平均为18.6%，长期有息债务占总资产比例（IBLTDTA）平均为7.3%，可见有息债务以短期为主。此外，企业间长期有息债务水平的差异要大于企业间短期有息债务水平之间的差异，与前文中使用变量年度值的结论一致。企业的实际税负（ETR）平均为30.9%，略低于法定最高税率33%，此外不同企业之间的差异较大（标准差为0.216）。季度资产报酬率（ROA）平均为0.8%，最差的企业亏损5.2%，最好的企业盈利5.9%。企业的规模（SIZE）在19.610和24.227之间，平均值为21.465。销售收入增长率（SGR）分布比较分散，表明不同企业的经营情况差异比较大。"与投资有关的税盾"（NDTS）差异比较大，最小值为0，最大值为0.050，表明不同企业可以替代"债务税盾"的"与投资有关的税盾"差异比较大。有形资产比率（TANGI）反映的是企业对债务的担保能力，最小值不到0.004，最大值为0.801，可见不同企业之间相差非常悬殊。

表5-8 描述性统计

变量	样本数	均值	标准差	最小值	中位数	最大值
IBDTA	7 548	0.260	0.149	0	0.262	0.590
IBSTDTA	7 548	0.186	0.118	0	0.182	0.477
IBLTDTA	7 548	0.073	0.096	0	0.036	0.417
ETR	7 548	0.309	0.216	−0.023	0.270	1.062
ROA	7 548	0.008	0.014	−0.052	0.006	0.059
SIZE	7 548	21.465	0.908	19.610	21.389	24.227

续表

变量	样本数	均值	标准差	最小值	中位数	最大值
SGR	7 548	0.264	0.646	−0.804	0.154	4.430
NDTS	7 548	0.008	0.009	0	0.006	0.050
TANGI	7 548	0.316	0.182	0.004	0.291	0.801

注：该表为计税工资限额标准变化与资本结构调整研究所用变量的描述性统计，所有变量在第1和第99百分位上进行缩尾处理。IBDTA为企业有息债务水平账面价值，衡量方法为企业有息债务与总资产的比值；IBSTDTA为企业短期有息债务水平账面价值，衡量方法为企业短期有息债务与总资产的比值；IBLTDTA为企业长期有息债务账面价值，衡量方法为企业长期有息债务与总资产的比例；ETR为企业实际税负水平，衡量方法为企业所得税费用与税前利润的比值[①]；ROA为企业的盈利水平，等于净利润除以总资产；SIZE为企业规模变量，等于企业总资产的自然对数；SGR为企业销售收入的增长率，等于该季度较上年相同季度的增幅；NDTS为企业"非债务税盾"，衡量方法为企业折旧与摊销之和除以总资产；TANGI为企业有形资产水平，衡量方法为固定资产除以总资产。

5.4.2 计税工资扣除限额标准变化与资本结构调整关系检验

5.4.2.1 计税工资扣除限额标准变化前后资本结构的动态调整

图5-1和图5-2为企业2005年第1季度至2007年第4季度间企业有息债务水平季度平均值和中位数的变化图。2006年9月1日，《财政部国家税务总局关于调整企业所得税工资支出税前扣除政策的通知》（财税〔2006〕126号）规定，将计税工资扣除限额标准（下文简称"标准"）从800元/(人·月)变

---

① 借鉴Terando和Omer(1993)的做法，若企业税前利润小于0而所得税费用大于0，则当期ETR为1；若企业税前利润小于0并且所得税费用也小于0，则ETR为0。此处ETR与前文一样用2005—2007年三年间的平均值衡量，主要基于以下几方面原因：(1)使用季度ETR不合理，由于销售、生产等受季节影响会对不同季度的利润产生差异性影响，进而会影响不同季度的ETR，而所得税汇算清缴是以年为区间，因而季度ETR一定程度上并不符合企业真实的税率水平，以此来衡量企业的平均税率噪音较大；(2)由于样本区间中2006年既包括标准变化以前的样本，又包括标准变化以后的样本，因而当年的ETR水平势必会受到标准变化前后两方面因素的影响；(3)企业有息债务水平与ETR之间具有很强的内生性(Graham et al.,1998；吴联生,2009)，使用几年间平均值来衡量能够降低内生性的影响；(4)企业通过不同年份之间的利润转移等手段可以降低企业当期的实际所得税税率(Guenther,1994；Maydew,1997)，增加了实际所得税税率的噪音，使用长期的所得税税率能够降低该影响(Dyreng et al.,2008)。基于上述四个方面原因，本章使用三年间的平均税率来衡量企业所处的税收状态。

为1 600元/(人·月),自2006年7月1日起实施,即从2006年第3季度开始实施。依据实施时点,本书将2005第1季度至2006年第2季度作为标准变化以前(Pre_TRA)样本区间,将2006年第3季度到2007年第4季度作为标准变化以后(Post_TRA)样本区间。

观察图5-1可知,标准变化以后企业有息债务水平便开始下降,从2006年第2季度的0.2637下降到2006年第3季度的0.2614,此后一直保持下降趋势,2007年第4季度的有息债务水平为0.2517,与改革前相比下降了0.012,下降幅度为4.55%(0.012/0.2637≈0.0455)。对比标准变化前后有息债务水平均值,标准变化以前有息债务水平在0.2 616~0.2 658之间,标准变化以后企业有息债务水平在0.2 517~0.2 614之间,可见标准变化后企业有息债务水平都要低于标准变化前企业有息债务水平。总之,标准变化前后有息债务水平均值变化与假设5-2的预期一致。

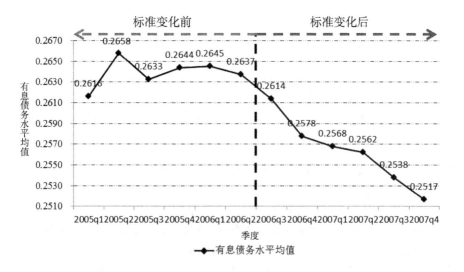

注:该图为2005年第1季度至2007年第4季度有息债务水平均值的变化图,其中2005年第1季度至2006年第2季度为标准变化前,2006年第3季度至2007年第4季度为标准变化后。

图5-1 计税工资扣除限额标准变化前后有息债务水平(均值)对比

图5-2为标准变化前后企业有息债务水平中位数变化的情况。标准变化后企业有息债务水平中位数总体保持下降趋势。与2006年第2季度的0.2 642相比,2007年第4季度有息债务水平为0.2493,下降了0.0 149,下降幅度为

5.64%（0.0149/0.2642≈0.0564）。对比标准变化前后有息债务水平中位数，标准变化以前有息债务水平在0.2642~0.2730之间，标准变化以后企业有息债务水平在0.2493~0.2628之间，可见标准变化后企业有息债务水平都要低于标准变化前企业有息债务水平。由此可见，标准变化前后有息债务水中位数变化与假设5-2的预期一致。

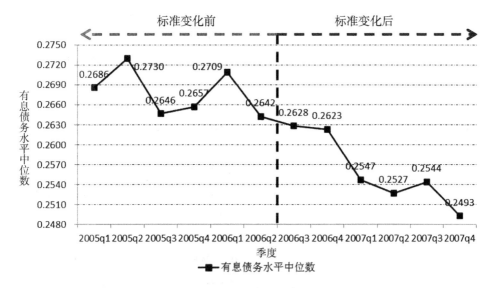

注：该图为2005年第1季度至2007年第4季度有息债务水平中位数的变化图，其中2005年第1季度至2006年第2季度为标准变化前，2006年第3季度至2007年第4季度为标准变化后。

图5-2　计税工资扣除限额标准变化前后有息债务水平（中位数）对比

5.4.2.2　计税工资扣除限额标准变化与资本结构调整关系检验

表5-9为计税工资扣除限额标准变化与资本结构调整模型的检验结果。由于研究样本为2005年第1季度到2007年第4季度，包括12个季度的数据，故使用面板数据固定效应和随机效应模型进行估计。企业经营活动一般存在"季度效应"，故加入季度虚拟变量进行估计。由于Hausman检验值为负（-156.88），所以固定效应模型估计结果更为可靠。

自2006年第3季度开始，计税工资扣除限额标准从800元/（人·月）提高到1 600元/（人·月）。对于企业而言，该项政策的变化无疑给企业增加了大量

表 5-9 计税工资限额标准变化与资本结构调整

因变量		IBDTA	
自变量	预测符号	固定效应模型	随机效应模型
		模型（1）	模型（2）
		系数（t/z 值）	
POST	−	−0.015***	−0.013*
		（−9.82）	（−8.62）
ROA	−	−0.816***	−0.863***
		（−13.42）	（−14.17）
SIZE	+	0.066***	0.055***
		（17.69）	（17.50）
SGR	?	−0.003***	−0.002**
		（−2.84）	（−2.06）
NDTS	−	−0.032	−0.059
		（−0.34）	（−0.61）
TANGI	+	0.082***	0.080***
		（8.21）	（8.28）
Intercept	?	−1.168***	−0.891***
		（−14.51）	（−12.72）
Industry Dummies	?	—	控制
Quarter Dummies	?	控制	控制
样本数		7548	7548
R^2 值		0.075	0.148
Hausman 检验值		−156.88	

注：该表报告了以企业有息债务水平账面价值为因变量的固定效应和随机效应回归结果。因变量为季度有息债务水平账面价值，衡量方法为有息债务的账面价值除以总资产的账面价值。解释变量 POST 为标示标准变化前后的虚拟变量，变化后为1，否则为0。其余变量为控制变量：ROA 为企业资产回报率，计算方法为企业净利润除以总资产；SIZE 为企业规模，衡量方法为企业总资产的自然对数；SGR 为企业成长能力，衡量方法为企业销售收入的增长率；NDTS 为企业的"与投资有关的税盾"，衡量方法为当期的折旧加摊销之和与总资产的比值；TANGI 为企业有形资产比例，衡量方法为固定资产占总资产的比例；模型中包括控制"季度效应"的虚拟变量；随机效应模型中还包含行业虚拟变量。固定效应模型中的 R^2 值为只反映组内差别 Within R^2，*、**、*** 分别表示在10%、5%和1%的水平上显著（双尾检验）。

的可抵扣的"工资税盾"①。前文假设5-1已得到验证,即"工资税盾"与"债务税盾"之间存在"替代效应",那么该项政策变化由于能给企业带来大量的"非债务税盾"而使得有息债务水平下降。观察表5-9,POST变量的系数显著为负,在1%的水平上显著,表明标准变化以后企业减少了有息债务水平,符合"替代效应"假说,本章的假设5-2得到验证。POST系数的值表明,计税工资扣除限额标准提高后,企业平均减少了约为0.015的有息债务水平,与改革前即2006年第2季度相比,债务水平下降幅度为5.69%(0.015/0.2637≈0.0569)。表5-9中其余为控制变量估计结果:企业盈利能力(ROA)与债务水平负相关,符合"优序融资理论"预期;企业规模(SIZE)与债务水平正相关;企业成长能力(SGR)与债务水平负相关;企业"非债务税盾"(NDTS)与债务水平负相关,但统计不显著,可能原因是有息债务水平为季度值;企业有形资产比例(TANGI)与有息债务水平正相关;季度虚拟变量统计显著(限于篇幅,未列示),表明有息债务水平存在"季度效应"。

5.4.3 计税工资扣除限额标准变化与资本结构调整:基于税收耗损状态的进一步检验

MacKie-Mason(1990)认为只有当企业的"非债务税盾"影响企业接近"税收耗损状态"的概率时,企业边际税率才会下降进而才会影响债务水平,通过投资税抵免以及亏损弥补等替代变量,作者验证了该假说。为了检验企业税收耗损状态是否会影响计税工资扣除限额标准变化后资本结构的调整,本章借鉴Trezevant(1992)的做法,构建如下回归模型:

$$Leverage = \alpha + \beta_1 POST + \beta_2 ETR + \beta_3 POST \times ETR + \beta_4 ROA + \beta_5 SIZE + \beta_6 SGR + \beta_7 NDTS + \beta_8 TANGI + \sum_{i=1}^{18} \eta_i Industry_i + \varepsilon \quad (5\text{-}5)$$

其中ETR为企业实际税率;POST×ETR为POST变量与ETR的交互项,其余变量为控制变量,前文已做介绍,不再赘述。依据理论预期,企业实际

---

① 以平均雇佣3 277人为例(见表5-2),企业每年增加的可抵扣工资税盾为3 146万元左右,如果假设企业债务借款利率平均为10%,那么增加的工资税盾大约相当于3.15亿元借款产生的利息。与资产平均值35.84亿元相比,这些借款占比为8.8%,即如果工资税盾与债务税盾之间存在完全替代关系,那么该项计税工资扣除限额标准变化将使得企业总有息债务水平下降8.8%。

税率越低,则越接近税收耗损状态,因而工资税盾的增加就越有可能实质性地影响企业的边际税率,进而影响债务水平,即式(5-5)中β_3应该显著为正。表5-10为基于税收耗损状态的固定效应和随机效应检验结果,Hausman检验值为-64.58,因而应使用固定效应估计量。模型中POST变量的系数显著为负,表明计税工资扣除限额标准变化后企业显著降低了债务水平,假设5-2进一步得到验证。POST×ETR的交互项的系数为正,且在5%的水平上显著,表明企业越接近税收耗损状态,即实际税率越低,计税工资扣除限额标准的提高越有可能影响企业的边际税率,进而使得企业减少更多的债务,该结果与税收耗损状态假说的理论预期一致(Graham et al.,2004;Trezevant,1992;Aier and Moore,2008)。其余变量为控制变量,回归结果与前文基本一致,不再赘述。

表5-10 计税工资扣除限额标准变化与资本结构调整:
基于税收耗损状态的检验

因变量		IBDTA	
		固定效应模型	随机效应模型
自变量	预测符号	模型(1)	模型(2)
		系数(t值)	
POST	−	−0.020***	−0.016***
		(−7.92)	(−6.70)
ETR	−		0.063***
			(2.71)
POST×ETR	+	0.015**	0.011*
		(2.54)	(1.84)
ROA	−	−0.807***	−0.847***
		(−13.25)	(−13.87)
SIZE	+	0.068***	0.057***
		(17.83)	(17.72)
SGR	?	−0.003***	−0.002**
		(−2.96)	(−2.16)
NDTS	−	−0.036	−0.062
		(−0.38)	(−0.65)
TANGI	+	0.082***	0.080***
		(8.25)	(8.30)

续表

自变量	预测符号	因变量	
		IBDTA	
		固定效应模型	随机效应模型
		模型（1）	模型（2）
		系数（*t*值）	
Intercept	?	−1.212***	−0.951***
		（−14.72）	（−13.18）
Industry Dummies	?	—	控制
Quarter Dummies	?	控制	控制
样本数		7 548	7 548
R^2 值		0.076	0.155
Hausman 检验值		−64.58	

注：该表报告了以企业有息债务水平账面价值为因变量的固定效应和随机效应回归结果。因变量为季度有息债务水平账面价值，衡量方法为有息债务的账面价值除以总资产的账面价值。POST 为标示标准变化前后的虚拟变量，变化后为1，否则为0。ETR 为企业的实际税率；POST×ETR 为 POST 与 ETR 的交互项。其余变量为控制变量：ROA 为企业资产回报率，计算方法为企业净利润除以总资产；SIZE 为企业规模，衡量方法为企业总资产的自然对数；SGR 为企业成长能力，衡量方法为企业销售收入的增长率；NDTS 为企业的"与投资有关的税盾"，衡量方法为当期的折旧加摊销之和与总资产的比值；TANGI 为企业有形资产比例，衡量方法为固定资产与总资产的比值；模型中包括控制"季度效应"的虚拟变量；随机效应模型中还包含行业虚拟变量。固定效应模型中的 R^2 为只反映组内差别的 Within R^2 值。*、**、*** 分别表示在10%、5%和1%的水平上显著（双尾检验）。

5.4.4 计税工资扣除限额标准变化与资本结构调整：基于产权性质的进一步检验

上文检验结果表明计税工资扣除限额标准提高后，由于企业可以使用的"非债务税盾"增加，因此企业的债务水平会相应降低。为了检验不同产权性质企业之间的税收敏感性是否存在差异，本章对比了国有企业与非国有企业间资本结构在标准变化前后动态调整的差异。

5.4.4.1 计税工资限额标准变化与资本结构动态调整：国有企业 VS. 非国有企业

图 5-3 和图 5-4 分别为国有企业、非国有企业 2005 年第 1 季度至 2007 年第 4 季度间有息债务水平均值和中位数的变化图。计税工资扣除限额标准自 2006 年 7 月 1 日起，从 800 元/（人·月）变为 1 600 元/（人·月），依据该时点，

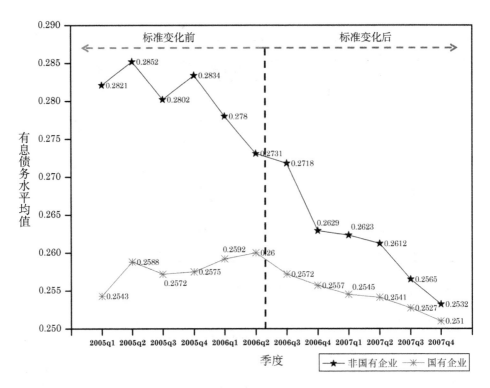

注：该图为2005年第1季度至2007年第4季度有息债务水平均值的变化图，其中2005年第1季度至2006年第2季度为标准变化前，2006年第3季度至2007年第4季度为标准变化后。

图 5-3　国有企业与非国有企业有息债务水平均值变化图

2005年第1季度至2006年第2季度为标准变化前的样本区间，2006年第3季度至2007年第4季度为标准提高后的样本区间。

观察图5-3可知，扣除限额标准提高后，两类企业的有息债务水平均呈下降趋势。对比两类企业下降趋势，标准变化前，非国有企业有息债务水平变化前税制平均在0.280左右，税制变化后下降到了0.261左右，债务水平下降0.019左右；而国有企业则从0.258下降到0.254左右，债务水平下降0.004左右；可见相较于国有企业而言，非国有企业的下降程度显著更高，表明非国有企业对于税制变化的反应更为明显。

图5-4为国有企业与非国有企业有息债务水平中位数的变化情况。税制变化后，除2006年第3季度短暂上升外，非国有企业其他季度都呈现一直下降的趋势，可能的原因是标准提高发布在2006年9月初，第3季度还来不及调整所致。税制变化后，国有企业有息债务水平中位数一直呈现下降趋势。对比

两类企业下降趋势,税制变化前,非国有企业有息债务水平中位数在0.286左右,税制变化后下降到0.265左右,债务水平下降0.021左右;而国有企业则从0.259下降到0.251左右,债务水平下降0.008左右;同样可以发现相较于国有企业而言,非国有企业的下降程度显著更高,说明非国有企业对于税制变化的反应更为明显。

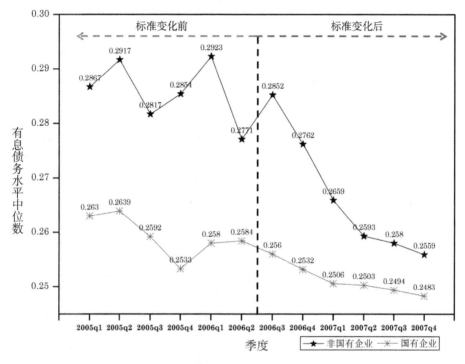

注:该图为2005年第1季度至2007年第4季度有息债务水平中位数的变化图,其中2005年第1季度至2006年第2季度为标准变化前,2006年第3季度至2007年第4季度为标准变化后。

图 5-4　国有企业与非国有企业有息债务水平中位数变化图

5.4.4.2　计税工资扣除限额标准变化与资本结构调整关系检验:国有企业 VS. 非国有企业

依据 Scholes 等(2002)提出的有效税务筹划理论,非国有企业较之国有企业在税收筹划方面更为激进,国内多位学者的研究成果也支持这一结论(吴联生,2009;郑红霞和韩梅芳,2008)。国有企业与非国有企业因为税收筹划激进程度的不同,在资本结构决策方面也存在差异:受到税收因素的激励,非国有企业更有可能进行资本结构调整。为了检验产权性质是否会影响计税工资扣除限额标准变化后的资本结构调整决策,本节将样本分为国有企业(样本数:5 256)和非国有企业(样本数:1 920)两组样本分别进行检验[①],检验结果见表5-11。

表5-11 计税工资扣除限额标准变化与资本结构调整:国有企业 VS. 非国有企业

因变量		IBDTA			
自变量	预测符号	国有企业样本		非国有企业样本	
		固定效应模型	随机效应模型	固定效应模型	随机效应模型
		模型(1)	模型(2)	模型(3)	模型(4)
		系数(t值)		系数(t值)	
POST	−	−0.012***	−0.009***	−0.019***	−0.019**
		(−6.85)	(−5.35)	(−6.35)	(−6.49)
ROA	−	−0.855***	−0.925***	−0.934***	−0.959***
		(−11.21)	(−12.07)	(−7.94)	(−8.20)
SIZE	+	0.080***	0.064***	0.040***	0.040***
		(17.60)	(16.91)	(5.49)	(6.36)
SGR	?	−0.004**	−0.002	−0.003*	−0.003*
		(−2.34)	(−1.39)	(−1.72)	(−1.66)
NDTS	−	−0.026	−0.047	−0.141	−0.150
		(−0.24)	(−0.43)	(−0.64)	(−0.68)
TANGI	+	0.071***	0.070***	0.097***	0.096***
		(5.97)	(6.10)	(4.64)	(4.78)
Intercept	?	−1.471***	−1.080***	−0.581***	−0.587***
		(−15.03)	(−12.69)	(−3.77)	(−4.22)
Industry Dummies	?	—	Controlled	—	Controlled
Quarter Dummies	?	Controlled	Controlled	Controlled	Controlled
Bootstrap法P值				0.072*	
样本数		5 256	5 256	1 920	1 920
R^2值		0.087	0.164	0.083	0.234
Hausman检验值		−12.83		5.06	

---

① 国有企业样本和非国有企业样本总数为7 176,包括598家企业,样本总数小于前文检验所用样本总数(7 548个样本,共629家企业),系剔除产权性质发生变化样本所致。

注：该表分别报告了国有企业和非国有企业以企业有息债务水平账面价值为因变量的固定效应和随机效应回归结果。因变量为季度有息债务水平账面价值，衡量方法为有息债务的账面价值除以总资产的账面价值。POST 为标示标准变化前后的虚拟变量，变化后为1，否则为0。其余变量为控制变量：ROA 为企业资产回报率，计算方法为企业净利润除以总资产；SIZE 为企业规模，衡量方法为企业总资产的自然对数；SGR 为企业成长能力，衡量方法为企业销售收入的增长率；NDTS 为企业的"与投资有关的税盾"，衡量方法为当期的折旧加摊销之和与总资产的比值；TANGI 为企业有形资产比例，衡量方法为固定资产与总资产的比值；模型中包括控制"季度效应"的虚拟变量；随机效应模型中还包含行业虚拟变量。固定效应模型中的 R^2 值为只反映组内差别的 Within R^2 值；*、**、*** 分别表示在10%、5%和1%的水平上显著（双尾检验）；两类样本 POST 系数差异通过"自体抽样法"（Bootstrap）检验，原假设为无显著差异。

表5-11中模型（1）和模型（2）为国有企业样本面板固定效应和随机效应的检验结果，模型（3）和模型（4）为非国有企业样本面板数据检验结果。国有企业样本中，Hausman 检验值为-12.83，因而固定效应结果更稳健。固定效应模型中，POST 变量的系数在1%的水平上显著，表明国有企业在计税工资扣除限额标准提高后显著降低了债务水平，有息债务水平平均下降1.2%左右。非国有企业样本中，Hausman 检验值为5.06，并没有拒绝原假设，因而随机效应的检验结果更有效。随机效应模型中，POST 变量的系数在1%的水平上显著，表明非国有企业计税工资限额标准提高后显著降低了债务水平，有息债务水平平均下降1.9%左右。相较于国有企业，非国有企业有息债务水平下降幅度更大。为了检验二者间差异的显著性，本节采用"自体抽样法"（Bootstrap）进行检验[①]，检验的统计量为自体抽样法下计算的 P 值。如表5-11所示，自体抽样法下国有企业与非国有企业 POST 变量的系数存在显著差异（10%的水平上显著），说明国有企业减少的债务水平程度显著要低于非国有企业，这可能是由于二者税收筹划激进程度差异所致，与此前学者得到的研究结论一致（郑红霞和韩梅芳，2008）。

[①] 本书所用自体抽样法的步骤如下：(1) 从原始的 n 家公司中随机抽取 n_1 和 n_2 家公司，把它们分别分配到国有企业和非国有企业组中；(2) 分别估计两组系数值，并记录两组系数值之间的差值 Diffi；(3) 重复上述两个步骤1 000次，计算 Diffi 大于实际系数差异的百分比，即得到 p 值。

5.5 稳健性检验

5.5.1 工资税盾与资本结构关系稳健性检验

为检验工资税盾与资本结构关系研究结论的稳定性、可靠性,本节进行如下稳健性检验:

(1)企业经营环境以及管理层特征等都可能会影响企业总的债务水平(赵蒲和孙爱英,2003),既包括有息债务水平,也包括非有息债务水平,可见企业有息债务水平与非有息债务水平之间并不独立。为此,本节使用"似无相关估计"方法(Seemingly Unrelated Estimation)同时估计有息债务水平模型与非有息债务水平模型,回归结果见表5-12A组中的模型(1)~模型(4):模型(1)和模型(2)为账面价值估计结果,模型(3)和模型(4)为市场价值估计结果。观察工资税盾变量的系数可知,有息债务水平账面(市场)值仍然都与工资税盾变量负相关,二者间存在"替代效应",研究结论未发生变化。

债务期限结构是企业资本结构决策的重要方面,研究发现市场进程以及代理成本等都可能影响企业的债务期限结构(肖作平和廖理,2007;孙铮等,2005)。此外,企业所处的税收状态会影响有息债务的水平,长期有息债务与短期有息债务会同时受到税收状态的影响。总之,企业短期债务水平与长期债务水平之间并非独立,二者间存在正向或者负向的关系。为此,我们使用"似无相关估计"方法同时估计短期有息债务水平模型与长期有息债务水平模型,回归结果见表5-12。A组中的模型(5)~模型(8):模型(5)和模型(6)为账面价值估计结果,模型(7)和模型(8)为市场价值估计结果。观察 *WageShields* 的系数可知,模型(5)~模型(8)中均显著为负,研究结论未发生变化。

(2)在研究工资税盾与债务水平关系时,测度债务水平市场价值时使用的所有者权益市场价值是当年年底所有者权益的市场价值,之前学者的文献中下一年4月末股票的市场价值也常常被使用,此处我们又用下一年四月末所有者权益的市场价值替换之前的所有者权益市场价值计算有息债务水平市

第 5 章 计税工资制、非债务税盾与资本结构 | 127

表 5-12 稳健性检验 1（简要列示）

A 组：工资税盾与有息债务水平关系的"似无相关估计"结果

自变量	预测符号	有息债务水平 IBBL NIBBL		有息债务水平和无息债务水平 IBML NIBML		短期债务水平 IBSTBL IBSTBL		短期债务水平和长期债务水平 IBSTML IBLTML	
		系数（1）模型	（ t 值）模型（2）	系数（3）模型	（ t 值）模型（4）	系数（5）模型	（ t 值）模型（6）	系数（7）模型	（ t 值）模型（8）
WageShields	-	-0.042***	0.036***	-0.036***	0.015	-0.026**	-0.017**	-0.025***	-0.012**
		(-2.85)	(2.87)	(-3.34)	(1.61)	(-2.08)	(-2.02)	(-2.85)	(-1.97)
				控制其他所有变量					
样本数		698	698	698	698	698	698	698	698
R^2 值		0.302	0.331	0.386	0.394	0.208	0.383	0.287	0.383
Breusch–Pagan 检验 χ^2 值		64.01***		9.84***		0.185		1.03	

B 组：工资税盾与有息债务水平市场价值（所有者权益使用下一年四月末市场价值）回归结果

自变量	预测符号	IBML		IBSTML		IBLTML		IBML	
		OLS 回归 系数	Tobit 回归 （ t 值）	OLS 回归 系数	Tobit 回归 （ t 值）	OLS 回归 系数	Tobit 回归 （ t 值）	OLS 回归 系数	Tobit 回归 （ t 值）
WageShields	-	-0.032***	-0.033***	-0.022**	-0.022***	-0.011**	-0.016**	-0.079***	-0.079***
		(-2.93)	(-3.37)	(-2.52)	(-2.78)	(-2.01)	(-2.56)	(-4.39)	(-5.34)
WageShields×ETR	+							0.193***	0.191***
								(3.57)	(4.12)
				控制其他所有变量					
样本数		698	698	698	698	698	698	698	698
R^2 值（对数似然函数值）		0.384	757.0	0.283	899.4	0.387	757.2	0.400	765.5

续表

C组：分年度和Pooled回归结果

自变量	预测符号	2005年 系数（1）	模型（1） (t值)	2005年 系数（2）	模型（2） (t值)	2006年 系数（3）	模型（3） (t值)	2006年 系数（4）	模型（4） (t值)	2007年 系数（5）	模型（5） (t值)	2007年 系数（6）	模型（6） (t值)	全样本 系数（7）	模型（7） (t值)	全样本 系数（8）	模型（8） (t值)
WageShields (OLS)	−	−0.035*	(−1.89)	−0.033*	(−1.87)	−0.038**	(−2.42)	−0.033**	(−2.43)	−0.025*	(−1.95)	−0.018***	(−2.71)	−0.032**	(−2.31)	−0.026**	(−2.44)
WageShields (Tobit)	−	−0.034**	(−2.02)	−0.033**	(−2.18)	−0.040***	(−2.63)	−0.035***	(−2.81)	−0.027*	(−1.94)	−0.019***	(−2.73)	−0.033***	(−3.76)	−0.027***	(−3.65)
控制其他变量																	
样本数		698		698		698		698		698		698		2094		2094	
R^2值（对数似然函数值）		0.274 (358.8)		0.359 (438.0)		0.280 (340.5)		0.350 (477.3)		0.276 (354.3)		0.340 (795.9)		0.270 (1043.3)		0.283 (1364.9)	

注：该表为工资税盾与资本结构关系稳健性检验的汇总结果（限于篇幅，精简列示）。A组为工资税盾与有息债务水平关系的"似无相关估计"（Seemingly Unrelated Estimation）结果；B组为工资税盾与有息债务水平（所有者权益账面（市场）价值）的回归结果；C组为工资税盾与有息债务水平的分年度和Pooled回归结果。表中变量IBBL（IBML）为有息债务水平的账面（市场）价值；NIBBL（NIBML）为非有息债务水平的账面（市场）价值；WageShields为企业税盾水平；IBSTBL（IBSTML）为短期有息债务水平的账面（市场）价值；IBLTBL（IBLTML）为长期有息债务水平的账面（市场）价值；ETR为企业的实际税负；所有变量定义与之前一致，不再赘述。注：A组~C组中报告的R^2值为模型的伪R^2值；*、**、***分别表示在10%、5%和1%水平上显著（双尾检验）。

场价值并重新进行回归,检验结果见表5-12中的B组。观察回归结果可知前文的研究结论并未发生改变。

(3)本节使用2005—2007年三年间所有变量的平均值检验工资税盾与债务水平之间的关系,旨在降低变量不同年份之间的波动给研究结果带来的噪音(Kahle and Shastri,2005)。我们又分别使用2005年、2006年和2007年三年的样本重新对模型进行回归检验,此外还将三年数据混合到一起进行回归,回归结果见表5-12中的C组。分年度以及混合样本的回归结果与之前的研究结论基本一致,不改变本书的研究结论。

5.5.2 计税工资扣除限额标准变化与资本结构调整稳健性检验

为检验计税工资扣除限额标准变化与资本结构调整关系研究结论的稳定性、可靠性,本节进行如下稳健性检验:

(1)资本结构理论研究中一般使用两类模型:一类模型使用的是资本结构水平值作为因变量,被称为"水平模型"(Level Model);另一类模型使用的是资本结构变化量作为因变量,即"变化模型"(Change Model)。前文在研究计税扣除工资限额标准变化与资本结构调整关系时使用的是"水平模型",我们又使用"变化模型"重新对二者关系进行检验,检验结果见表5-13中的A组。观察POST的系数可知,变化模型的结果同样表明计税工资扣除限额标准变化后企业降低了债务水平,前文中的研究结论未发生改变。

表 5-13 稳健性检验 2(简要列示)

A 组:计税工资标准变化与资本结构调整关系检验(变化模型)			
因变量		$\Delta IBDTA$	
自变量	预测符号	固定效应模型 模型(1)	随机效应模型 模型(2)
		系数(t值)	
POST	—	−0.012*** (−6.16)	−0.012*** (−6.16)
		控制其他所有变量	
样本数		7 335	7 335

续表

A组：计税工资标准变化与资本结构调整关系检验（变化模型）

自变量	预测符号	ΔIBDTA	
		固定效应模型	随机效应模型
		模型（1）	模型（2）
		系数（t值）	
R^2 值		0.419	0.491
Hausman 检验值		13.51*	

B组：控制资本结构对2008年税法改革提前反应

自变量	预测符号	IBDTA		IBDTA	
		固定效应模型	随机效应模型	固定效应模型	随机效应模型
		模型（1）	模型（2）	模型（3）	模型（4）
		系数（t/z 值）		系数（t/z 值）	
POST	−	−0.010***	−0.009***	−0.015***	−0.012***
		(−5.85)	(−5.03)	(−9.09)	(−7.14)
PRE_TRA$_{2008}$	?	−0.012***	−0.010***		
		(−5.76)	(−4.72)		
		控制其他所有变量			
样本数		7 548	7 548	5 661	5 661
R^2 值		0.079	0.144	0.100	0.127
Hausman 检验值		−111.77		50.59***	

注：该表A组为以企业有息债务水平变化值为因变量的模型结果，分别使用固定效应和随机效应进行估计：

$$\Delta Leverage = \alpha + \beta_1 POST + \beta_2 \Delta ROA + \beta_3 \Delta SIZE + \beta_4 \Delta SGR + \beta_5 \Delta NDTS$$
$$+ \beta_6 \Delta TANGI + \sum_{i=1}^{18} \eta_i Industry_i + \sum_{j=1}^{3} \lambda_j Quarter_j + \varepsilon$$

因变量为季度有息债务水平账面价值较上年同季度的变化程度；ΔROA、ΔSIZE、ΔSGR、ΔNDTS 和 ΔTANGI 分别为企业资产回报率、规模、销售收入增长率、非债务税盾水平以及有形资产比例较上年同季度的变化程度。模型中包括控制"季度效应"的季度虚拟变量；随机效应模型中还包含行业虚拟变量。表中B组为控制资本结构对2008年税改提前反应影响的回归结果，模型（1）和模型（2）加入对2008年税改提前反应的控制变量 PRE_TRA$_{2008}$，2007年第2季度至2007年第4季度为1，否则为0；模型（3）和模型（4）从总样本中剔除2007年第2季度至2007年第4季度区间的样本。固定效应模型中的 R^2 值为只反映组内差别的 Within R^2 值；*、**、*** 分别表示在10%、5%和1%的水平上显著（双尾检验）。

（2）2007年3月16日，第十届全国人大第五次会议审议通过《中华人民共和国企业所得税法》，新税法自2008年1月1日起实施。新税法在很大程度上改变了我国企业所得税制度，不仅调整了企业所得税税率，还调整了企业可以税前抵扣的项目。由于本章研究样本期间为2005年第1季度至2007年第4季度，包括从新税法通过到新税法具体实施之间这段区间，所以企业有可能会在新税法实施前对新税法做出反应，提前调整资本结构。为了控制企业对2008年税改提前反应对本章研究结论的影响，我们一方面通过设置税改提前反应的虚拟变量（PRE_TRA_{2008}）进行控制，即将2007年第2季度至2007年第4季度这段区间设置为税法改革提前反应期，样本在这个区间，PRE_TRA_{2008}变量值为1，否则为0；另一方面，将总样本中这一区间样本剔除进行回归。表5-13中的B组为检验结果，观察POST系数可知前文的研究结论并未发生实质性的改变。

5.6　小　结

由于自身经济体制的特征，在企业改制以及国家税制转型的过程中，中国一度使用计税工资扣除限额政策来限制工资薪金的税前抵扣额度，并且在接下来的多年间逐渐改变限额标准，这些政策为准确计量工资税盾以及研究工资税盾与资本结构的关系提供了独一无二的契机。

本章基于中国特殊的制度背景，首先研究企业因限额扣除政策获得的工资税盾与资本结构之间是否负相关，其次研究计税工资扣除限额标准提高是否会引起资本结构水平降低。研究发现：（1）企业获得的工资税盾与有息债务水平负相关，支持"替代效应"假说；企业越接近"税收耗损状态"（Tax Exhaustion）（MacKie-Mason，1990），工资税盾与有息债务水平的"替代效应"越显著；与国有企业相比，非国有企业获得的工资税盾与有息债务水平之间的负相关关系更为显著。（2）计税工资扣除限额标准提高后，企业降低了债务水平，支持"替代效应"假说；越接近"税收耗损状态"的企业债务降低的程度越大；非国有企业较之国有企业对税收更为敏感，在限额标准提高后降低更多的债务。

本章的研究贡献包括以下几个方面：（1）静态权衡理论的研究中，一个至今尚未解决的问题是：与最优资本结构相比，企业为什么会"负债过低"（Underleverage）。本章研究发现，企业的工资薪金支出提供的税盾与债务水平负相关，即企业的工资薪金支出作为一种"非债务税盾"，降低了债务的税盾价值。研究结论提供了影响资本结构的新因素，同时在一定程度上解释了"负债过低之谜"。（2）基于计税工资扣除限额标准提高的外生性事件，本书研究工资税盾增加与资本结构调整之间的关系，较好地控制了企业资本结构的其他影响因素（Givoly et al.，1992）。研究发现不仅支持"替代效应"假说，也为资本结构调整提供了经验证据。（3）基于"税收耗损状态"假说，本章进一步检验企业接近税收耗损状态的概率是否会影响工资税盾与资本结构的关系以及工资税盾增加与资本结构调整之间的关系，研究结论支持"税收耗损状态"假说，丰富了该领域的学术文献。（4）结合我国的特殊制度背景，进一步探究产权性质是否会影响资本结构的调整，实证结果表明产权性质是影响税收与资本结构关系的重要因素，研究成果丰富了"本土化"的资本结构理论文献。

第6章　研究开发支出、非债务税盾与资本结构

Modigliani和Miller（1963）构建了包含企业所得税的资本结构模型，并认为由于企业借款利息可以在税前抵扣，具有"税盾价值"，因而企业最优资本结构为100%负债。然而这与现实世界中的情况是不相符的，后续学者从多个角度试图构建更为符合现实世界的理论，比如Baxter（1967）从破产成本角度出发，认为债务增加会带来更高的破产成本，因此最优资本结构是权衡借款的税盾价值和借款产生的破产成本后的结果；Jensen和Meckling（1976）从股权、债务代理成本后角度提出了比较类似的观点。除这些观点外，Miller（1977）从个人所得税角度出发，认为个人取得债券利息的个人所得税相对于股息所得税或资本利得税具有劣势，因而债务的税盾价值会被债务利率的提高抵消，因而均衡状态下，资本结构与企业所得税是无关的。不过，经过Graham（2000）的经验测算，即使在扣除个人所得税因素的影响下，债务的税盾价值仍然约占企业价值的4.3%，此外，他的研究还表明企业在债务的使用上仍然是"保守"的，企业存在"负债过低之谜"。

那么企业负债为何会低于最优资本结构下的负债水平呢？学术界有一系列文献从"非债务税盾"角度尝试揭开这一谜题。DeAngelo和Masulis（1980）提出一种折衷于Modigliani和Miller（1963）与Miller（1977）之间的观点，他们认为企业的税盾价值取决于边际税率，并且边际税率受到企业固定资产折旧、投资税收抵免以及净营运亏损等"非债务税盾"的影响，企业边际税率是"非债务税盾"的减函数，又由于企业价值与边际税率正相关，因而企业的资本结构水平与"非债务税盾"负相关。简而言之，"非债务税盾"的存在会减

少企业对"债务税盾"的需求,该种观点得到了大量经验证据的支持(MacKie-Mason,1990;Givoly et al.,1992;Dhaliwal et al.,1992;Huang and Song,2006;Graham and Tucker,2006)。但是现有研究中,"非债务税盾"的范围主要集中在"与投资有关的税盾"领域,学界亟待拓展"非债务税盾"的研究范围,提供更多的经验证据支持。鉴于此,本章尝试从新经济时代重要的发展战略——研发支出角度,拓展非债务税盾的研究范畴,研究研发支出与资本结构之间的关系,而这也响应了Graham(2003)的呼吁。实际上,换个角度来看,本章也从一个新的视角,即非债务税盾角度,探讨研发支出与资本结构之间的关系。尽管目前文献中探讨研发支出与资本结构之间关系的文献已有不少,但是他们多是探讨资本结构(或资金来源)对研发决策的影响,而较少探究研发支出对资本结构的影响,仅有的少数几篇文献也主要立足于"投资不足问题""资产替代问题""资产专用性"以及"信息不对称"等其他理论观点。截至目前,还没有文献从非债务税盾视角研究研发支出对资本结构的影响,本书在一定程度上填补了空白。

我国政府高度重视科技进步和创新的重要作用,把科技创新作为《中华人民共和国国民经济和社会发展第十二个五年(2011—2015年)规划纲要》的重要指导思想。政府在研发支出方面一直给予着大量的优惠政策,尤其是通过税收优惠鼓励企业加大研发投入。2007年11月28日经国务院第197次常务会议通过的《企业所得税法实施条例》规定:"企业为开发新技术、新产品、新工艺发生的研究开发费用,未形成无形资产计入当期损益的,在按照规定据实扣除的基础上,按照研究开发费用的50%加计扣除;形成无形资产的,按照无形资产成本的150%摊销。"对于企业而言,研发支出加计扣除使得企业可以税前抵扣的"非债务税盾"显著增加,以本章选取的研究样本为例[①],企业研发支出占息税前利润的比例平均为33.69%,如果企业当期没资本化研发支出,那么企业"加计扣除"后实际抵扣的研发费用约占息税前利润的50%,可见研发支出极有可能影响借款利息当期可以抵扣的额度,进而实质性地影

---

① 研究初选样本为中小企业板上市公司,由于研究需要企业研发支出数据,因而本章选取的最终样本实际为披露了研发支出的中小企业板上市公司。一方面,中小企业板集中了大量的高新技术企业;另一方面,披露研发支出情况本身也存在一定的"自选择"(Self Selection)因素。因而研究样本的研发支出相对于一般企业而言更高,这为研究主题提供了较好的研究样本。

响借款利息抵税的税率。那么研发支出会影响企业的边际税率吗？如果影响借款的边际税率的话，那么会进一步影响企业的债务水平吗？MacKie-Mason（1990）认为当企业越接近"税收耗损状态"时，企业"非债务税盾"的增加越有可能降低企业的边际税率，进而减少债务比例。那么研发支出与资本结构的关系在企业接近税收耗损状态时更为显著呢？此外，我国特有的制度背景决定了上市公司中有大量国有企业存在，国有企业与非国有企业在税收筹划激进程度等方面存在差异，那么二者间差异是否会影响研发支出与资本结构之间的关系呢？本章的研究结论不仅能够拓展"非债务税盾"的研究范畴，而且能够为本土化的资本结构理论做出贡献。

后续内容安排如下：第1节在理论分析基础上，提出本章的研究假设；第2节为研究设计，包括模型设计、样本选择和样本描述等；第3节在报告实证检验结果的基础上，检验研究假设；第4节为稳健性检验，测试研究结论的可靠性；第5节为研究结论以及启示。

6.1　理论分析与研究假设

6.1.1　研发支出与资本结构的关系：税盾视角的分析

根据DeAngelo和Masulis（1980）构建的"替代效应"理论，企业的非债务税盾会影响企业利息抵税的边际税率，进而影响债务的税盾价值，其结果是，非债务税盾与债务之间存在负相关关系，即二者间存在"替代效应"。后续学者的研究中，Givoly等（1992）以美国1986年税制改革为研究契机，发现企业在税制改革中新获得的"与投资有关的税盾"与债务水平之间存在相互替代关系，验证了DeAngelo和Masulis（1980）提出的"替代效应"假说。Dhaliwal等（1992）通过不同的方法，研究投资税收抵免与资本结构之间的关系，同样支持"与投资有关的税盾"与资本结构水平之间存在"替代效应"。除了"与投资有关的税盾"之外，后续学者们一直在拓展"非债务税盾"的研究范畴，Graham和Tucker（2006）收集分析了44件涉税处罚案例，发现企业通过转移定价、财产保险等经营活动产生大量的"非债务税盾"，这些"非债务税盾"是利息抵扣形成的"债务税盾"的3倍还要多,使得企业的债务水平显著下降;Kahle和Shastri(2005)检验了一种特殊形式的"非债务税盾"——企业为员工提供的"雇员股票期权",他们发现雇员股票期权与企业长期债务、短期债务都显著负相关,同样支持了"替代效应"假说,做该种形式的"非债务税盾"研究的还有Aier和Moore(2008)等。上述项研究拓展了"非债务税盾"的研究范畴,同时也指出考虑其他形式"非债务税盾"的重要性。

知识经济时代,研发已成为企业提升创新能力,发展核心竞争力的重要手段。由于研发项目本身周期较长、不确定性较强以及对外部资源依赖性较大等原因,企业在进行研发项目决策时往往会存在较多的顾虑,研发积极性会受到抑制,也因此大多数国家都通过财政补贴、税收优惠等手段支持和鼓励企业加大研发投入。我国政府也高度重视企业的科技创新,对于企业的研发支出也有相应的税收优惠政策支持。依据我国税法的规定,企业研发投入费用化部分可以在当期直接扣除,并且可以按50%加计扣除;形成无形资产部分的研发支出,可按150%在以后年度摊销。对于企业而言,研发支出构成了"非债务税盾"。如果该种形式的"非债务税盾"足够重要,则极有可能影响企业利息抵税的边际税率。以本章选取的样本企业为例,企业研发支出平均值为3 571万元左右,假设借款利率为10%,那么这些"非债务税盾"最多相当于企业5.36亿元借款产生的利息①。另外,我们还对比了样本企业研发支出形成的"非债务税盾"与借款利息形成的"债务税盾"之间的比例,比例值平均在1.9左右,可见研发支出形成的"非债务税盾"非常重要。依据Graham和Harvey(2001)的研究,在企业试图保证税盾总体水平相对不变的情况下,企业研发支出的增加,使得企业对债务税盾的需求下降,进而促使企业减少外部借款。综合上述分析,本章提出如下假设:

假设6-1:在控制其他因素影响的条件下,研发支出提供的"非债务税盾"越多,公司的债务水平越低。

---

① 在企业当期发生的所有研发费用都费用化的情形下,企业可以在税前抵扣的研发费用为3 571×(1+50%)=5 356.5万元,借款利率为10%的情形下,相当于5.36亿元借款产生的利息。

6.1.2 研发支出与资本结构的关系：基于税收耗损状态的进一步分析

在 DeAngelo 和 Masulis（1980）提出"替代效应"理论后，学者们在相关领域的经验研究并未获得一致的结论（Dammon and Senbet, 1988; Titman and Wessels, 1988）。MacKie-Mason（1990）在分析"与投资有关的税盾"与资本结构的关系时认为，当企业越接近"税收耗损状态"，"与投资有关的税盾"的增加越有可能使得企业的边际税率下降，进而使得债务的税盾价值降低，企业将减少借款。与 MacKie-Mason（1990）使用 Altman（1968）的 Z-score 指标衡量企业接近"税收耗损状态"的概率不同，Dhaliwal 等（1992）通过不同方法，基于实际税率构建了企业是否接近"税收耗损状态"的虚拟变量，研究投资税收抵免与资本结构之间的关系，验证了"税收耗损状态"对"替代效应"的影响，同样支持了 MacKie-Mason（1990）提出的"税收耗损状态"假说。除了在"与投资有关的税盾"与资本结构关系的研究中，Aier 和 Moore（2008）研究雇员股票期权与债务水平之间的关系时，也检验了企业"税收耗损状态"对二者关系的影响，同样发现企业接近"税收耗损状态"时，雇员股票期权提供的"非债务税盾"与资本结构之间的负相关关系越显著。事实上，研究"税收耗损状态"对非债务税盾与资本结构关系的影响，不仅有助于获得"替代效应"假说的支持证据，而且还从一定程度上排除了二者间关系的其他替代性解释，增加了基于非债务税盾视角解释的可靠性和信服力。研发支出是企业的一种重要的"非债务税盾"形式，当企业接近"税收耗损状态"时，研发投入的抵扣更有可能实质性地降低企业借款利息抵扣的边际税率，从而降低债务的税盾价值，进而使得企业借款的激励下降。综合上述分析，本书提出如下假设：

假设6-2：在控制其他因素影响的条件下，企业越接近"税收耗损状态"，研发支出形式的"非债务税盾"与债务税盾之间的负相关关系越显著。

6.1.3 研发支出与资本结构的关系：基于产权性质的进一步分析

国有企业与非国有企业之间在股权性质上存在差异，进而使得两类企业的委托代理问题不同，因此两类企业在税收筹划激进程度上也存在差异。国内学者吴联生（2009）研究发现，在名义税率相同的情况下，国有股权比例越高,企业所得税负担越重,表明国有股权降低税负的动力小于非国有股权。郑红霞和韩梅芳(2008)依据Scholes等(2005)提出的"有效税收筹划"分析框架,从税收筹划的财务报告成本角度出发,认为由于国有企业的管理层往往背负着更大的盈余压力,因而其税收筹划的财务报告成本更高,其结果是,国有企业税收筹划的激进程度小于非国有企业。对于资本结构决策而言,由于两类企业税收筹划的激进程度不同,因而在进行外部借款融资时,对税收成本的考量也存在差异。对于国有企业而言,在其需要外部融资时,更有可能受到其他因素的影响,如信息不对称程度、代理成本以及管理层自利动机等,而较少从税收角度考虑债务利息可以抵扣企业所得税的问题;对于非国有企业而言,由于税收筹划激进程度更高,对税率更敏感,因而在进行外部借款融资时,更有可能重视借款利息的税盾价值。因此,相较于国有企业,非国有企业进行外部借款融资时,更有可能考虑研发支出形成的"非债务税盾"对债务税盾价值的影响,即二者间的替代效应更明显。综合上述分析,本章提出如下假设:

假设6-3:在控制其他因素影响的条件下,相较于国有企业,非国有企业研发支出形式的"非债务税盾"与债务税盾之间的负相关关系更显著。

6.2 研究方法与样本

6.2.1 模型设计

$$Leverage = \alpha + \beta_1 R\&D + \beta_2 ROA + \beta_3 SIZE + \beta_4 MTB + \beta_5 NDTS + \beta_6 TANGI + \varepsilon \tag{6-1}$$

模型6-1[即式(6-1)]使用上市公司的年度数据。其中,$Leverage$为债务水平,由于本章关注影响企业所得税的债务,因而使用有息债务水平[①]计量:有息债务水平账面价值($IBDTA$)=有息债务/总资产;有息债务水平市场价值($IBDTA\_M$)=有息债务/(负债的市场价值+所有者权益的市场价值)。$R\&D$为企业的研究开发强度变量,借鉴前人文献中普遍采用的度量方法(Zhang et

---

① 本章使用的有息债务包括短期借款、一年内到期的长期借款、长期借款和应付债券。

al., 2003；安同良等，2006；李丹蒙和夏立军，2008)，使用当年研究开发支出总额与营业收入的比值来衡量[①]。其余变量为借鉴之前文献设置的控制变量：ROA 为企业的盈利水平，等于企业净利润除以总资产，依据"优序融资理论"，ROA 与企业债务水平负相关（Rajan and Zingales，1995；Titman and Wessels，1988)；SIZE 为企业的规模，衡量方法为企业总资产的自然对数，预期与企业债务水平正相关（Huang and Song，2006)；MTB 为企业的"市值账面比"，衡量方法为企业所有者权益的市场价值与账面价值之比；NDTS 为企业的"与投资有关的税盾"水平，衡量方法为企业当期发生的折旧与摊销之和除以总资产，依据"替代效应"假说（DeAngelo and Masulis，1980)，该变量与债务水平负相关；TANGI 为企业有形资产水平，衡量方法为企业固定资产除以总资产，该变量与债务水平正相关（Jensen and Meckling，1976；Harris and Raviv，1991）；$Industry_i$ 为行业虚拟变量，如果企业属于行业 i 时，则为 1，否则为 0。所有连续型变量都在第 1 和第 99 百分位上进行"缩尾处理"。

依据研究假设，企业研究开发支出与债务水平负相关，预期 β_1 显著为负。为了进一步检验企业接近"税收耗损状态"程度对研究开发支出与资本结构关系的影响，在模型 6-1 的基础上加入虚拟变量 D_ETR（公司实际税率低于第 10 百分位数则为 1，否则为 0）以及研究开发支出变量与其交互项 R&D×D_ETR。企业越接近"税收耗损状态"，研究开发支出越有可能使得实际税率下降，因而企业越有可能减少债务，预期交互项的系数显著为负。本章还按产权性质进行分组，分别检验了国有企业和非国有企业两类企业的差异，预期非国有企业样本较之国有企业样本研究开发支出的"替代效应"更为明显。

6.2.2　样本选择

表 6-1 为研究开发支出与资本结构关系研究的样本筛选过程。初始样本为 2008—2010 年间中小企业板上市公司的年度样本，选择中小企业板上市公司，是因为深交所针对中小企业板上市公司研发情况的披露做出了具体的规定。《中小企业板信息披露业务备忘录第 28 号："管理层讨论与分析"编制指引（试用）》中要求，中小企业板上市公司应以列表方式列示最近 3 年研发支出

---

① 此处并未将研发支出乘以 150%，因为所有样本都乘以常数并不影响系数的估计结果。

总额（单独列示资本化的研发支出总额[①]）、占总营业收入的比重以及主要研发成果。主要研发成果包括研发成功的新产品、新技术，申请或取得的专利名称、类型和有效期以及对企业可能产生的影响等。选取"管理层讨论与分析"中的研究开发支出展开研究，可以避免数据无法配比等问题[②]，而且这在此前学者的很多文献中也经常出现（程小可等，2010；程宏伟等，2006）。总之，选用董事会报告里披露的研发支出可以一定程度上避免该类问题，因此笔者通过翻阅上市公司年报，手工收集了2008—2010年间中小企业板上市公司的研究开发支出数据。

初始样本共计1 185个"企业—年度"观测值，研究样本的筛选步骤如下：（1）剔除金融类上市公司样本，由于金融类上市公司在资本结构、财务指标等方面都与其他企业存在较大差异，因而剔除此类样本，共计4家；（2）部分公司没有披露当期发生的研究开发支出，此类样本由于无法进行研究，故剔除此类样本，共计326家；（3）剔除资本市场数据缺失的样本，共计42家；（4）剔除资本结构相关变量为缺失值的样本，共计2家；（5）剔除公司税前利润小于0的公司，因为此类公司已处于"税收耗损状态"，除此之外该类样本由于亏损可能会与其他样本存在异质性，故剔除该类样本，共计29家；（6）剔除研究模型所用其他数据有缺失的样本，这样的公司有3家。经过上述筛选步骤，形成本章的最终研究样本，共包括441家公司，总计778个"企业—年度"观测值。

[①] 实际翻阅年报的过程中发现，披露资本化的研究开发支出金额的企业所占比例非常低。产生这一现象有两种可能的原因：其一，上市公司确实没有将研究开发支出资本化；其二，研究开发支出有资本化但却没有披露。究竟是何种原因无从判断，但如果仅使用有披露研究开发支出资本化的企业进行研究可能会产生"选择性偏误"（Selection Bias）（Shehata，1991）。

[②] 此前，由于研究开发支出并没有具体披露，因而相关数据主要来源于手工收集。收集的研究开发支出数据主要来源于报表中如下几个方面："长期待摊费用""开发支出""管理费用"以及"支付的其他与经营活动有关的现金流"。对于长期待摊费用，由于没有披露详细的当期增加或减少额，往往使用的是余额；开发支出也会存在无法判断当期实际发生额的情况，而且开发支出主要披露的是开发阶段的研发支出，并没有包含企业在研究阶段的研发支出（少部分企业也会披露）；管理费用里披露的数据仅是计入当期费用部分的研发支出；"支付的其他与经营活动有关的现金流"中披露的是当期实际发生现金支出的研发支出，而且披露的研发支出与"长期待摊费用"里的内涵完全不同。

表 6-1 研发支出与资本结构关系研究样本选择

样本	企业一年度	描述
初选样本数	1 185	2008—2010 年间中小企业板上市公司年度样本
第（1）步	（4）	剔除金融类上市公司的样本
第（2）步	（326）	剔除研发费用数据缺失公司的样本
第（3）步	（42）	剔除资本市场数据缺失公司的样本
第（4）步	（2）	剔除资本结构相关变量为缺失值的公司样本
第（5）步	（29）	剔除税前利润小于 0 的公司样本
第（6）步	（4）	剔除研究所用其他数据有缺失的公司样本
最终样本数	778	最终 441 家公司共计 778 个样本

6.2.3 样本描述

表 6-2 为所用变量的描述性统计结果。样本期间为 2008—2010 年中小企业板上市公司，研发强度（$R\&D$）平均水平为 4%左右，研发强度最低小于 0.1%，最高则约为 20%，可见中小企业板上市公司研发强度存在较大差异（标准差为 0.033）。有息债务水平账面价值（$IBDTA$）与有息债务水平市场价值（$IBDTA\_M$）相比，前者更高，两者平均值分别为 13.3%和 5.7%，此外，有息债务水平在不同企业之间差异较大（账面价值和市场价值的标准差分别为 0.136 和 0.076）。企业实际税率水平均值为 16.1%，低于法定最高税率 25%（2008 年新税法施行以后的法定最高税率），不同企业间差异较大，最低的企业几乎为 0，而最高的企业则为 66.5%，接近法定最高税率的 3 倍。样本企业在盈利能力（ROA）、规模（$SIZE$）以及资本结构水平（$Leverage$）方面都存在一定差异：盈利能力均值和标准差分别为 0.071 和 0.044；规模平均值为 20.949，最小值

表 6-2 研发支出与资本结构关系研究变量描述性统计

	样本数	均值	标准差	最小值	中位数	最大值
$R\&D$	778	0.041	0.033	0.000	0.034	0.200
$IBDTA$	778	0.133	0.136	0.000	0.095	0.504
$IBDTA\_M$	778	0.057	0.076	0.000	0.025	0.360
ETR	778	0.161	0.090	0.000	0.153	0.665
ROA	778	0.071	0.044	0.003	0.063	0.236
$SIZE$	778	20.949	0.695	19.567	20.882	23.127

续表

	样本数	均值	标准差	最小值	中位数	最大值
Leverage	778	0.323	0.179	0.026	0.305	0.759
SOE	772	0.194	0.396	0.000	0.000	1.000
MTB	778	3.597	1.958	1.074	3.145	11.030
CAPINT	778	0.225	0.141	0.012	0.199	0.643
INVINT	778	0.138	0.083	0.000	0.127	0.431
NDTS	778	0.021	0.014	0.002	0.018	0.067
TANGI	778	0.225	0.141	0.012	0.199	0.643

注：表中为所有变量的描述性统计结果。R&D 为企业的研究开发强度，衡量方法为企业研究开发支出与营业收入的比值；IBDTA 为企业有息债务水平的账面价值，衡量方法为企业有息债务和总资产的比值；IBDTA_M 为企业有息债务水平的市场价值，衡量方法为企业有息债务与负债账面价值和所有者权益市场价值之和的比值；ETR 为企业的实际有效税率，衡量方法为企业当期应当缴纳的企业所得税与税前利润的比值；ROA 为企业的资产收益率，衡量方法为企业净利润与总资产的比值；SIZE 为企业的规模变量，衡量方法为企业总资产的自然对数；Leverage 为企业的债务水平，衡量方法为企业负债与总资产的比值；SOE 为企业产权性质变量，国有企业为1，非国有企业为0；MTB 为企业市值账面比，衡量方法为企业当年末总市值与权益账面价值的比值；CAPINT 为企业的资本密集度，衡量方法为企业固定资产与总资产的比值；INVINT 为企业的存货密集度，衡量方法为企业存货与总资产的比值；NDTS 为企业的"与投资有关的税盾"水平，衡量方法为企业当期计提的折旧以及摊销与总资产的比值；TANGI 为企业的有形资产水平，衡量方法为企业固定资产除以总资产。所有连续型变量都在第1和第99百分位上进行"缩尾处理"（Winsorize）。

为 19.567，最大值则为 23.127；资本结构水平的均值和标准差分别为 0.323 和 0.179。样本企业中国有企业所占比例为 19.4%，这与主板市场存在比较大的不同，Huang 和 Song（2006）的结果表明我国上市公司中约三分之二为国有企业。中小企业板上市公司在成长机会方面的差异也较大，从公司的"市值账面比"（MTB）来看，最小值为 1.074，最大值则为 11.030，平均约为 3.6。资本密集度（CAPINT）、存货密集度（INVINT）、"与投资有关的税盾"（NDTS）以及有形资产比例（TANGI）反映了中小企业板上市公司的资产构成情况：从资本密集度（有形资产比例）来看，密集度最高和密集度最低的公司之间差了 50 多倍（最大值为 0.643，最小值为 0.012）；存货密集度（INVINT）和"与投资有关的税盾"（NDTS）的分布也比较分散。

6.3 实证结果与解释

6.3.1 研究开发支出与实际税率

当企业研发支出降低企业的实际税率,影响借款利息的抵税价值时,会使得企业借款的激励下降,进而使得企业的资本结构发生变化。因此,在检验研发支出与资本结构之间的关系前,本章首先检验研发支出与实际税率之间的关系。借鉴 Chen 等(2010)、吴联生和李辰(2007)、吴文锋等(2009)以及吴联生(2009)等,构建如下回归模型:

$$ETR = \alpha + \beta_1 R\&D + \beta_2 SIZE + \beta_3 LEV + \beta_4 ROA + \beta_5 CAPINT + \beta_6 INVINT + \beta_7 MTB + \varepsilon \quad (6\text{-}2)$$

ETR 为企业的实际税率变量。依据之前学者的总结,计算实际所得税率时通常需要考虑两个方面的问题:其一,所负担所得税的衡量问题,即实际所得税税率计算公式中分子的测度问题。2007年以后,上市公司核算所得税费用的方法发生了变化,所有上市公司只能采用"资产负债表债务法",新方法计量所得税费用时不仅包括当期应当缴纳的所得税费用,还要包括递延所得税费用。为了更为准确地计量实际税率,计量实际所得税税率的分子使用当期应当缴纳的所得税[①]。其二,税前经济收益的衡量问题,即实际所得税税率计算公式中分母的测度问题。基于之前学者 Chen 等(2010)的文献,本章构建如下指标:实际税率=当期应当缴纳的企业所得税/税前利润。借鉴 Terando 和 Omer(1993)、Gupta 和 Newberry(1997)以及 Adhikari 等(2006)等的通常做法,如果分子为负,则无论分母为正或者为负,企业实际所得税税率为0;当分子为正,分母为负时,则企业实际所得税税率为1。

---

① 2007年以后上市公司在报表附注中会详细披露所得税费用的构成,通过翻阅年报,本书手工收集2007年以后企业的"本/当期所得税费用"数据,即企业当期应当缴纳的所得税费用数据。该数据与2007年以前"应付税款法"下的所得税费用科目一致,实现了数据上的匹配。

R&D 为企业的研究开发强度,借鉴前人文献中普遍采用的度量方法 (Zhang et al.,2003;安同良等,2006;李丹蒙和夏立军,2008),使用当年研究开发支出总额与营业收入的比值。*SIZE* 为企业规模变量,衡量方法为取企业期末总资产的自然对数,依据"政治成本"假说,企业规模与税收筹划激进程度负相关(Zimmerman,1983;吴联生,2009),不过也有学者发现该变量与税收筹划激进程度正相关或者不相关(Porcano,1986;吴文锋等,2009);*Leverage* 为企业的债务水平变量,衡量方法为企业期末总债务与总资产的比例,与税收筹划激进程度之间的关系不确定(Chen et al.,2010);*ROA* 衡量企业的盈利能力,为企业当期利润与总资产的比例,与税收筹划激进程度可能正相关,也可能不相关(Adhikari et al.,2006;Chen et al.,2010);*CAPINT* 为企业资本密集度,衡量方法为企业期末固定资产占总资产的比例;*INVINT* 为存货密集度,衡量方法为企业期末存货占总资产的比例;*MTB* 为企业所有者权益的市场价值与账面价值之比,衡量企业的成长性,之前文献表明企业成长性与税收筹划激进程度之间存在正相关关系,也可能不相关(Gupta and Newberry,1997;Adhikari et al.,2006)。所有连续型变量都在第1和第99百分位上进行"缩尾处理"。依据理论预期,企业研究开发支出与实际税率负相关,预期 β_1 显著为负。

表6-3为研究开发支出对实际税率影响的普通最小二乘法估计结果。模型拟合效果较好,调整后的 R^2 值为0.096,模型整体在1%的水平上显著(F值为10.97)。观察表中解释变量 *R&D* 的系数可知,研究开发支出与企业实际税率负相关(-0.488),且在1%的水平上统计显著。该结果表明由于研究开发支出可以在税前150%加计扣除,而且研究开发支出占企业利润的比重较大,因而其增加能够显著地降低企业的实际税率。从变量的系数值可知,研究开发强度每提高1%,会使得企业的实际有效税率下降约0.5%,具有经济意义上的显著性。其余变量为控制变量,结果与之前文献中发现的结论比较接近:企业盈利能力(*ROA*)与实际税率负相关(-0.468),这与学者Gupta和Newberry(1997)、Derashid和Zhang(2003)以及吴文锋等(2009)发现的结果一致;企业规模变量(*SIZE*)与实际税率正相关,不过统计不显著;债务水平变量(*Leverage*)与实际税率正相关,表明企业的财务报告成本越高,实际税率越高,符合盖地和胡国强(2012)的理论预期;企业的成长性(*MTB*)与实际税率正相关,这与吴联生(2009)得到的结论类似。资产构成两个变量资本密集度

（CAPINT）和存货密集度（INVINT）系数都不显著。

表 6-3　研究开发支出与实际税率关系检验

因变量	ETR	
	系数	t 值
R&D	−0.488***	−5.42
ROA	−0.468***	−4.75
SIZE	0.008	1.26
Leverage	0.050**	2.09
MTB	0.006***	3.23
CAPINT	−0.015	−0.58
INVINT	−0.015	−0.36
截距	−0.008	−0.06
样本数	778	
F 值	10.97***	
调整后的 R^2 值	0.096	

注：该表报告了研究开发支出与企业实际税率关系的OLS回归结果。因变量为企业的实际有效税率（ETR），衡量方法为企业当期应当缴纳的企业所得税与税前利润的比值。解释变量R&D为企业的研究开发度，衡量方法为企业研究开发支出与营业收入的比值，其余为控制变量：ROA为企业的资产收益率，衡量方法为企业净利润与总资产的比值；SIZE为企业的规模变量，衡量方法为企业总资产的自然对数；Leverage为企业的债务水平，衡量方法为企业负债与总资产的比值；MTB为企业市值账面比，衡量方法为企业当年末总市值与权益账面价值的比值；CAPINT为企业的资本密集度，衡量方法为企业固定资产与总资产的比值；INVINT为企业的存货密集度，衡量方法为企业存货与总资产的比值。括号内为依据稳健性标准误（White，1980）计算的t值；*、**、***分别表示在10%、5%和1%的水平上统计显著。

6.3.2　研究开发支出与资本结构关系检验

6.3.2.1　基于研究开发支出强度的资本结构分组检验

1. 资本结构分组对比

图6-1为有息债务水平账面价值的分组对比图，依据的分组标准为研究开发支出强度。图中横轴为1～5，分别代表研究开发强度由低到高的5个分组。左纵坐标轴为研发强度，1～5分组中分别为0.007, 0.025, 0.034, 0.045和0.091，可见中小企业板上市公司的研究开发强度集中在3%左右，小于1%和

大于9%的都相对较少。右纵坐标轴代表有息债务水平账面价值,依据假设预期,随着研究开发支出强度的提高,有息债务水平账面价值应逐渐降低。观察图6-1中标签为"■"的线可知,有息债务水平账面价值呈不断下降的趋势,表明研究开发支出强度与有息债务水平账面价值负相关,与章书研究假设的预期相符。

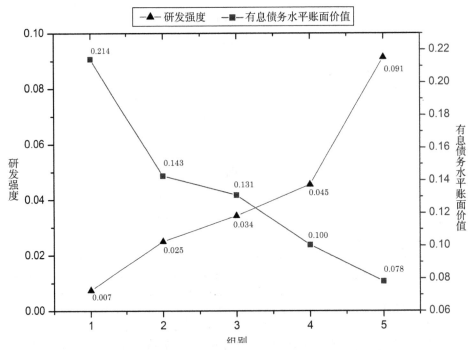

注:该图为依据研究开发支出强度分组的有息债务水平账面价值的对比图。横轴为依据研发强度由低到高的分组(共5组),左纵坐标轴为研发强度刻度,右纵坐标轴为有息债务水平账面价值刻度。图中以三角形作为标签的为研发强度线,以正方形为标签的为有息债务水平账面价值线。

图6-1　有息债务水平账面价值分组对比图

图6-2为有息债务水平市场价值的分组对比图,依据的分组标准为研究开发支出强度。图中横轴为1~5,分别代表研究开发强度由低到高的5个分组。左纵坐标轴为研发强度,1~5分组中分别为0.007,0.025,0.034,0.045和0.091。右纵坐标轴代表有息债务水平市场价值,与图6-1相比,每个分组下的有息债务水平市场价值都要低于有息债务水平账面价值。依据假设预期,随着研究开发支出强度的提高,有息债务水平市场价值应逐渐降低。观察图6-2

中标签为"■"的线可知,有息债务水平市场价值呈不断下降的趋势,与图6-1中有息债务水平账面价值的趋势十分接近,表明研究开发支出强度与有息债务水平市场价值负相关,与本章研究假设6-1的预期相符。

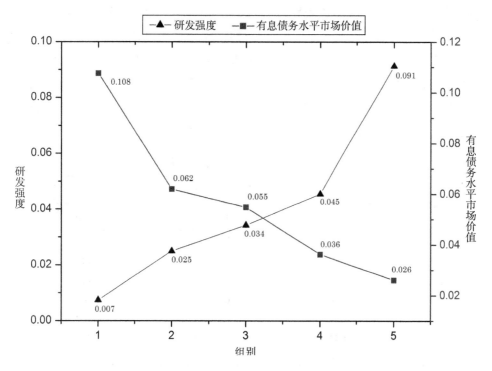

注:该图为依据研究开发支出强度分组的有息债务水平市场价值的对比图。横轴为依据研发强度由低到高的分组(共5组),左纵坐标轴为研发强度刻度,右纵坐标轴为有息债务水平市场价值刻度。图中以三角形作为标签的为研发强度线;以正方形为标签的为有息债务水平市场价值线。

图6-2 有息债务水平市场价值分组对比图

2. 资本结构分组检验

表6-4为资本结构分组检验结果,依据研究开发强度由低到高分为5组,每组样本数量相同。列(1)~列(3)分别代表研究开发强度、有息债务水平账面价值和有息债务水平市场价值。观察列(1)可知,5个分组之间存在一定的差异性,第5组样本的均值约为第1组样本均值的13倍,t检验表明两组样本之间存在显著性差异: t值等于27.11,1%的水平上统计显著,表明研究开发强度分布比较分散,为本章的研究提供了数据基础(Wooldridge,

2010）。观察列（2），自组1至组5，有息债务水平账面价值不断下降：0.214→0.143→0.131→0.100→0.078，可见研究开发支出强度与有息债务水平账面价值负相关，第5组与第1组的t检验结果表明，第5组的有息债务水平账面价值显著低于第1组（差异为-13.6%，1%的水平上统计显著）。列（3）为有息债务水平市场价值的分组情况，与列（2）类似，组1到组5的有息债务水平市场价值逐渐下降，且第5组与第1组的t检验结果表明，第5组的有息债务水平市场价值显著低于第1组（差异为-8.1%，1%的水平上统计显著）。综合上述分析，无论是有息债务水平的账面价值或是有息债务水平的市场价值都与研究开发支出负相关，本章的研究假设6-1得到验证。

表6-4 资本结构分组检验结果

组别	研发强度 列（1）	有息债务水平账面价值 列（2）	有息债务水平市场价值 列（3）
1	0.007	0.214	0.108
2	0.025	0.143	0.062
3	0.034	0.131	0.055
4	0.045	0.100	0.036
5	0.091	0.078	0.026
差异（5组-1组）	0.084*** （27.11）	-0.136*** （-9.00）	-0.081*** （-8.99）

注：该表为依据研究开发支出强度分组的资本结构差异的检验结果。列（1）～列（3）分别报告了各分组研发强度、有息债务水平账面价值以及有息债务水平市场价值的平均值，最后一行为相应指标组别5和组别1差异的检验（组5—组1），括号内为t值。*、**、***分别表示在10%、5%和1%的水平上统计显著（双尾检验）。

6.3.2.2 多元回归检验结果

表6-5为研究开发支出与有息债务水平关系检验的OLS和Tobit回归结果，选用Tobit方法估计的原因在于被解释变量存在截取的现象。模型（1）和模型（2）分别列示了以有息债务水平账面价值为因变量的OLS和Tobit估计结果，模型（3）和模型（4）分别列示了以有息债务水平市场价值为因变量的OLS回归和Tobit回归结果。模型总体拟合效果较好，因变量为有息债务水平账面价值和市场价值，调整后的R^2值分别为0.376和0.436、"对数似然函数值"（Log Likelihood）分别为247.3和669.5，由此可见使用有息债务水平市场

价值作为被解释变量的模型拟合效果要好于使用有息债务水平账面价值作为被解释变量的模型。

观察表6-5中解释变量研究开发支出（R&D）的系数可知，该变量的系数在所有模型中都为负且在使用有息债务水平账面价值的模型中都在1%的水平上统计显著，而在使用有息债务水平市场价值的模型中则不同，OLS回归的结果不显著，但Tobit回归结果也在5%的水平上显著。综合上述模型检验结果得出，研究开发支出变量与有息债务水平负相关，表明伴随企业研究开发强度的提高，企业可以获得的与研究开发支出相关的"非债务税盾"增加，相应地，企业对债务税盾的需求降低，进而使得企业的债务水平降低，即企业研究开发支出与债务之间存在替代关系，本章假设6-1的理论预期得到验证。表6-5中其余变量为控制变量，回归结果与之前学者发现的结论基本一致：企业盈利能力（ROA）与债务水平负相关，符合"优序融资理论"的假设预期（Titman and Wessels，1988；Rajan and Zingales，1995），即企业优先使用内源融资，在内源融资不足情况下才会考虑外源融资；企业规模（SIZE）与债务水平正相关；企业的成长性（MTB）与债务水平负相关；企业"与投资有关的税盾"与债务水平负相关，符合"替代效应"假设预期（DeAngelo and Masulis，1980）；企业有形资产能够为债务提供担保，因而具有担保价值，相应地，企业有形资产水平（TANGI）越高，债务水平越高，表中回归系数表明二者间存在正相关关系，这与之前学者发现的结论也比较一致（Jensen and Meckling，1976；Harris and Raviv，1991）。

6.3.3 研究开发支出与资本结构关系：基于税收耗损状态的进一步检验

前文研究发现研究开发支出与有息债务水平负相关，符合DeAngelo和Masulis（1980）提出的"替代效应"假说。西方实证检验"替代效应"假说的研究一直没有统一结论，实证检验中Dammon和Senbet（1988）发现"非债务税盾"与有息债务水平并不存在负相关关系，甚至二者间正相关，他们认为这是"收入效应"，即由于"非债务税盾"具有节税效应，因而可以促进企业对固定资产的投资，相应地，使得企业对债务的需求程度更高。不过，MacKie-Mason（1990）对两种效应的研究结论进行了总结，分析认为只有当企业"非债务税

表 6-5　研究开发支出与有息债务水平关系检验

因变量		IBDTA		IBDTA_M	
		OLS 回归	Tobit 回归	OLS 回归	Tobit 回归
自变量	预测符号	模型（1）	模型（2）	模型（3）	模型（4）
		系数（t 值）		系数（t 值）	
R&D	−	−0.315***	−0.566***	−0.064	−0.209**
		(−2.93)	(−3.32)	(−1.06)	(−2.35)
ROA	−	−0.882***	−1.130***	−0.418***	−0.580***
		(−7.55)	(−8.41)	(−7.37)	(−8.34)
SIZE	+	0.032***	0.039***	0.021***	0.025***
		(5.57)	(5.35)	(6.22)	(6.69)
MTB	?	−0.005**	−0.007**	−0.009***	−0.012***
		(−2.01)	(−2.07)	(−7.13)	(−6.95)
NDTS	−	−1.457***	−1.331**	−0.809***	−0.707**
		(−2.81)	(−2.31)	(−2.64)	(−2.39)
TANGI	+	0.462***	0.508***	0.238***	0.259***
		(8.47)	(8.66)	(7.08)	(8.60)
Intercept	?	−0.525***	−0.659***	−0.356***	−0.431***
		(−4.24)	(−4.27)	(−4.92)	(−5.42)
Sigma _Cons			0.127***		0.065***
			(33.54)		(34.00)
样本数		778	778	778	778
调整后的 R^2 值		0.376		0.436	
对数似然函数值			247.3		669.5

注：该表报告了分别以企业有息债务水平账面价值（IBDTA）和市场价值（IBDTA_M）为因变量的 OLS 和 Tobit 回归结果。解释变量 R&D 为企业的研究开发强度，衡量方法为企业研究开发支出与营业收入的比值。其余变量为控制变量：ROA 为企业的资产收益率，衡量方法为企业净利润与总资产的比值；SIZE 为企业的规模变量，衡量方法为企业总资产的自然对数；MTB 为企业市值账面比，衡量方法为企业当年末总市值与权益账面价值的比值；NDTS 为企业的"与投资有关的税盾"水平，衡量方法为企业当期计提的折旧以及摊销之和与总资产的比值；TANGI 为企业的有形资产水平，衡量方法为企业固定资产除以总资产。括号内为依据稳健性标准误（White，1980）计算的 t 值；*、**、*** 分别表示在 10%、5% 和 1% 的水平上统计显著。

表6-6 研究开发支出与资本结构：基于"税收耗损状态"的检验

因变量		IBDTA		IBDTA_M	
		OLS回归	Tobit回归	OLS回归	Tobit回归
自变量	预测符号	模型（1）	模型（2）	模型（3）	模型（4）
		系数（t值）		系数（t值）	
R&D	−	−0.246**	−0.445**	−0.034	−0.147
		（−2.11）	（−2.43）	（−0.51）	（−1.55）
D_ETR	?	0.049**	0.054**	0.039***	0.042***
		（2.39）	（2.20）	（3.29）	（3.29）
R&D*D_ETR	−	−0.555**	−0.871**	−0.335**	−0.528**
		（−2.37）	（−1.99）	（−2.34）	（−2.29）
ROA	−	−0.880***	−1.121***	−0.418***	−0.572***
		（−7.61）	（−8.38）	（−7.56）	（−8.31）
SIZE	+	0.033***	0.039***	0.021***	0.025***
		（5.68）	（5.40）	（6.50）	（6.83）
MTB	?	−0.005**	−0.007**	−0.009***	−0.012***
		（−1.97）	（−2.09）	（−7.08）	（−6.90）
NDTS	−	−1.446***	−1.333**	−0.782***	−0.693**
		（−2.79）	（−2.32）	（−2.60）	（−2.36）
TANGI	+	0.452***	0.498***	0.228***	0.250***
		（8.17）	（8.47）	（6.89）	（8.30）
Intercept	?	−0.536***	−0.668***	−0.367***	−0.441***
		（−4.37）	（−4.34）	（−5.21）	（−5.59）
Sigma_Cons			0.126***		0.064***
			（33.54）		（34.00）
样本数		778	778	778	778
调整后的R^2值		0.380		0.446	
对数似然函数值			249.9		675.0

注：该表报告了分别以企业有息债务水平账面价值（IBDTA）和市场价值（IBDTA_M）为因变量的OLS和Tobit回归结果。解释变量R&D为企业的研究开发强度，衡量方法为企业研究开发支出与营业收入的比值；D_ETR为标识企业接近"税收耗损状态"的虚拟变量，实际税率（ETR）低于第10百分位数的为1，否则为0；R&D×D_ETR为研究开发支出变量与接近税收耗损状态变量的交互项。其余变量为控制变量：ROA为企业的资产收益率，衡量方法为企业净利润与总资产的比值；SIZE为企业的规模变量，衡量方法为企业总资产的自然对数；MTB为企业市值账面比，衡量方法为企业当年末总市值与权益账面价值的比值；NDTS为企业的"与投资有关的税盾"水平，衡量方法为企业当期计提的折旧以及摊销之和与总资产的比值；TANGI为企业的有形资产水平，衡量方法为企业固定资产除以总资产。括号内为依据稳健性标准误（White，1980）计算的t值；*、**、***分别表示在10%、5%和1%的水平上统计显著。

盾"实质性地影响到企业接近"税收耗损状态"的概率时,才会降低债务的税盾价值,进而使得企业减少负债。为了检验MacKie-Mason(1990)的"税收耗损状态"假说,本书在表6-5模型的基础上加入企业接近"税收耗损状态"概率的虚拟变量(D_ETR),该变量依据企业的实际税率确定,当企业实际税率低于第10百分位数时为1,否则为0。此外,还加入该变量与研究开发支出变量的交互项($R\&D \times D\_ETR$),检验结果见表6-6。观察表6-6中回归系数可知,使用有息债务账面价值作为被解释变量时,研究开发支出变量($R\&D$)的系数为负且都在5%的水平上统计显著,表明未接近税收耗损状态的企业的研究开发支出与资本结构之间存在"替代效应";使用有息债务水平市场价值作为被解释变量时,研究开发支出变量的系数也为负,不过统计检验不显著。研究开发支出与税收耗损状态变量的交互项($R\&D \times D\_ETR$)是此处考察的重点,观察系数可知无论是使用有息债务水平账面价值还是有息债务水平市场价值作为被解释变量,该变量的系数都为负,且都在5%水平上统计显著,可见研究结论比较稳健,表明企业越接近"税收耗损状态",研究开发支出与资本结构水平的替代效应越明显。表中其余变量的检验结果与前文基本一致,不再赘述。

6.3.4 研究开发支出与资本结构关系:基于产权性质的进一步检验

产权性质是影响资本结构的重要因素。由于资本结构理论不能简单地"出口"到别的国家,尤其是经济转型国家和发展中国家(Myers, 2003),因而本节又结合本土的制度背景,研究不同产权性质下研究开发支出与资本结构之间的关系是否能够保持。表6-7和表6-8分别为基于国有企业、非国有企业两类样本检验的结果。两类样本在一些变量的回归结果上差异较大,比如表6-7中的"与投资有关的税盾"变量检验结果不显著,而在表6-8中统计检验结果都显著,因此中小企业板上市的国有企业样本和非国有企业样本可能存在结构上的差异,进而我们分样本予以检验。

观察表6-7,研究开发支出变量在使用有息债务水平账面价值作为被解释变量的模型(1)和模型(2)中的系数都为负,普通最小二乘法的估计结果不显著,不过使用Tobit回归法的估计结果显著;在使用有息债务水平市场价值作为被解释变量的模型(3)和模型(4)中,研究开发支出变量检验结果都不显

表 6-7　研究开发支出与资本结构：国有企业样本的检验

因变量		IBDTA		IBDTA_M	
		OLS 回归	Tobit 回归	OLS 回归	Tobit 回归
自变量	预测符号	模型（1）	模型（2）	模型（3）	模型（4）
		系数（t 值）		系数（t 值）	
R&D	−	−0.322	−0.825**	0.062	−0.289
		（−1.10）	（−2.15）	（0.35）	（−1.33）
ROA	−	−0.948***	−1.227***	−0.537***	−0.735***
		（−4.32）	（−4.23）	（−4.79）	（−4.50）
SIZE	+	0.048***	0.058***	0.038***	0.043***
		（4.33）	（4.01）	（4.77）	（5.38）
MTB	?	−0.003	−0.003	−0.008**	−0.010**
		（−0.50）	（−0.38）	（−2.45）	（−2.24）
NDTS	−	−1.257	−0.963	−0.871	−0.615
		（−1.40）	（−1.07）	（−1.64）	（−1.23）
TANGI	+	0.355***	0.361***	0.208***	0.204***
		（3.56）	（3.47）	（3.31）	（3.51）
Intercept	?	−0.849***	−1.035***	−0.694***	−0.802***
		（−3.52）	（−3.37）	（−4.11）	（−4.67）
Sigma _Cons			0.126***		0.070***
			（14.87）		（15.03）
样本数		150	150	150	150
调整后的 R^2 值		0.426		0.495	
对数似数函数值			51.4		123.6

注：该表报告了分别以企业有息债务水平账面价值（IBDTA）和市场价值（IBDTA_M）为因变量的 OLS 和 Tobit 回归结果，回归样本仅限国有企业。解释变量 R&D 为企业的研究开发强度，衡量方法为企业研究开发支出与营业收入的比值。其余变量为控制变量：ROA 为企业的资产收益率，衡量方法为企业净利润与总资产的比值；SIZE 为企业的规模变量，衡量方法为企业总资产的自然对数；MTB 为企业市值账面比，衡量方法为企业当年末总市值与权益账面价值的比值；NDTS 为企业的"与投资有关的税盾"水平，衡量方法为企业当期计提的折旧以及摊销之和与总资产的比值；TANGI 为企业的有形资产水平，衡量方法为企业固定资产除以总资产。括号内为依据稳健性标准误（White，1980）计算的 t 值；*、**、*** 分别表示在 10%、5% 和 1% 水平上统计显著。

表 6-8 研究开发支出与资本结构：非国有企业样本的检验

因变量		IBDTA		IBDTA_M	
		OLS 回归	Tobit 回归	OLS 回归	Tobit 回归
自变量	预测符号	模型（1）	模型（2）	模型（3）	模型（4）
		系数（t 值）		系数（t 值）	
R&D	−	−0.326***	−0.512***	−0.114*	−0.214**
		（−2.81）	（−2.65）	（−1.91）	（−2.18）
ROA	−	−0.858***	−1.109***	−0.362***	−0.517***
		（−6.25）	（−7.17）	（−5.73）	（−6.64）
SIZE	+	0.029***	0.035***	0.016***	0.019***
		（3.91）	（3.99）	（4.22）	（4.36）
MTB	?	−0.005**	−0.007**	−0.010***	−0.012***
		（−1.99）	（−2.03）	（−7.06）	（−6.68）
NDTS	−	−1.643***	−1.600**	−0.772**	−0.736*
		（−2.68）	（−2.07）	（−2.23）	（−1.90）
TANGI	+	0.507***	0.572***	0.239***	0.271***
		（7.64）	（7.46）	（6.16）	（7.07）
Intercept	?	−0.452***	−0.581***	−0.242***	−0.310***
		（−2.90）	（−3.14）	（−3.08）	（−3.34）
Sigma _Cons			0.127***		0.063***
			（29.91）		（30.32）
样本数		622	622	622	622
调整后的 R^2 值		0.353		0.406	
对数似然函数值			194.4		543.3

注：该表报告了分别以企业有息债务水平账面价值（IBDTA）和市场价值（IBDTA_M）为因变量的 OLS 和 Tobit 回归结果，回归样本仅限非国有企业。解释变量 R&D 为企业的研究开发强度，衡量方法为企业研究开发支出与营业收入的比值。其余变量为控制变量：ROA 为企业的资产收益率，衡量方法为企业净利润与总资产的比值；SIZE 为企业的规模变量，衡量方法为企业总资产的自然对数；MTB 为企业"市值账面比"，衡量方法为企业当年末总市值与权益账面价值的比值；NDTS 为企业的"与投资有关的税盾"水平，衡量方法为企业当期计提的折旧以及摊销之和与总资产的比值；TANGI 为企业的有形资产水平，衡量方法为企业固定资产除以总资产。括号内为依据稳健性标准误（White, 1980）计算的 t 值；*、**、*** 分别表示在 10%、5% 和 1% 水平上统计显著。

著,而且在普通最小二乘法估计下系数为正,与预期刚好相反。综合上述结果可知,在国有企业样本中,研究开发支出与资本结构之间的关系不显著,并且无法得出研究开发支出与资本结构之间存在"替代效应"的结论。其余变量都为控制变量,结果不再赘述。

观察表6-8,该表列示了非国有企业样本的检验结果。观察表中变量的系数,研究开发支出变量在使用有息债务水平账面价值作为被解释变量的模型(1)和模型(2)中都为负,且都在1%的水平上统计显著;在使用有息债务水平市场价值作为被解释变量的模型(3)和模型(4)中,研究开发支出变量的系数也都为负,且都至少在10%的水平上统计显著。综合上述结果可知,在非国有企业样本中,研究开发支出与资本结构水平之间的关系明显,即研究开发支出与资本结构之间存在"替代效应"。其余变量为控制变量,不再赘述。综合表6-7和表6-8的结果可知,由于非国有企业在税收筹划上更为激进,因而两类企业在税收激励下的行为存在差异,研究开发支出与资本结构之间的"替代效应"在非国有企业样本中比较明显,而在国有企业中并不能发现"替代效应"的结论。

6.4 稳健性检验

1. 控制研究开发支出与资本结构关系的内生性

前文的检验结果发现,研究开发支出增加会使得公司降低债务水平,即二者之间存在"替代效应"。此前,学者关于研究开发支出影响因素的文献往往发现企业的债务水平是一项重要决定因素,李丹蒙和夏立军(2008)研究当企业面临严重的还款压力时,会通过削减研究开发投入来缓解财务困境。可见研究开发支出与资本结构之间的关系可能是内生决定的,鉴于此,使用联立方程模型进行检验。表6-9列示了二者关系的基本检验结果,模型(1)和模型(2)为使用有息债务水平账面价值的联立方程;模型(3)和模型(4)为使用有息债务水平市场价值的联立方程。观察模型(1)和模型(3)中有息债务水平变量的系数可知,二者都与研究开发支出负相关,表明企业债务水平越高,财务风险越高,越有可能削减研究开发支出,符合之前学者得到的研究结论。模

表6-9 研究开发支出与资本结构关系联立方程检验结果

因变量 自变量	R&D 模型(1) 系数(t值)	IBDTA 模型(2) 系数(t值)	R&D 模型(3) 系数(t值)	IBDTA_M 模型(4) 系数(t值)
R&D		−3.264*** (−3.53)		−1.145*** (−2.59)
IBDTA	−0.073*** (−3.70)			
IBDTA_M			−0.164*** (−4.85)	
SOE	0.005** (2.33)		0.006** (2.57)	
MGT	−0.002 (−0.84)		−0.003 (−0.83)	
ETR	−0.020** (−2.42)		−0.030*** (−3.29)	
INVINT	−0.046*** (−4.16)		−0.035*** (−3.57)	
ROA	0.014 (0.45)	−0.518*** (−4.00)	−0.012 (−0.39)	−0.274*** (−4.25)
SIZE	−0.003* (−1.68)	0.015* (1.82)	−0.001 (−0.83)	0.013*** (3.36)
MTB		−0.006* (−1.81)		−0.009*** (−5.19)
NDTS		−0.904** (−2.32)		−0.462** (−2.30)
TANGI		0.338*** (6.35)		0.173*** (7.01)
Industry	控制	控制	控制	控制
Intercept	0.091** (2.34)	−0.118 (−0.59)	0.070* (1.72)	−0.150 (−1.56)
样本数	772	772	772	772
调整后的R^2值	0.403	0.118	0.386	0.370
χ^2值	654.43***	417.8***	606.74***	614.81***

注：该表报告了研究开发支出与资本结构关系的联立方程检验结果。R&D为企业的研究开发强度，衡量方法为企业研究开发支出与营业收入的比值。IBDTA和IBDTA_M分别为企业有息债务水平账面价值和市场价值；SOE为企业产权性质变量，国有企业为1，否则为0；MGT为企业管理层持股比例变量，衡量方法为管理层持股数与总股本的比例；ETR为企业的实际有效税率，衡量方法为企业当期应当缴纳的企业所得税与税前利润的比值；INVINT为存货密集度变量，衡量方法为企业存货与总资产的比值。ROA为企业的资产收益率，衡量方法为企业净利润与总资产的比值；SIZE为企业的规模变量，衡量方法为企业总资产的自然对数；MTB为企业市值账面比，衡量方法为企业当年末总市值与权益账面价值的比值；NDTS为企业的"与投资有关的税盾"水平，衡量方法为企业当期计提的折旧以及摊销之和与总资产的比值；TANGI为企业的有形资产水平，衡量方法为企业固定资产除以总资产。括号内为依据稳健性标准误（White，1980）计算的t值；*、**、***分别表示在10%、5%和1%水平上统计显著。

型(2)和模型(4)中研究开发支出变量(R&D)的系数都为负,且在1%的水平上统计显著,即二者间存在"替代效应"。综合上述分析结果可知,在控制研究开发支出与资本结构内生性的情况下,本章的研究结论不发生改变。

2. 控制经营活动现金流量的影响

企业的经营活动现金流量反映的是企业自身创造现金流的能力,当经营活动产生的现金流比较充裕时,企业外源融资的需求会较低;而当企业经营活动创造的现金流较少时,企业对外源融资的需求则会提高(Myers and Majluf,1984)。因此,本节在前文所有模型中加入经营活动现金净流量与总资产的比例,以控制企业经营活动现金流量对企业有息债务水平的影响。在控制经营活动现金流量影响的条件下,前文发现的研究结论保持不变。限于篇幅,未列示相关的检验结果。

3. 加入行业虚拟变量

国内外学者的实证研究结果均表明不同行业企业的资本结构存在显著性差异(Scott and Martin,1975;陆正飞和辛宇,1998;吕长江和韩慧博,2001;郭鹏飞和孙培源,2003),并且同行业企业之间财务杠杆的相似度比不同行业企业之间的财务杠杆的相似度更高。可见行业是影响资本结构的重要因素,在控制行业因素影响的条件下,本节重新对之前所有的实证模型进行检验,研究发现的结论与前文列示的并无实质性差异。限于篇幅,未列示相关检验结果。

6.5 小　结

我国政府高度重视科学与技术创新的作用,政府在企业研发支出方面一直给予着大量的优惠政策,尤其是通过税收优惠政策鼓励企业加大研发投入。其中,最具有代表性的是技术开发费的加计扣除,该项政策实施时间较长,并且经过了多次调整和修订。2008年起开始实施的《企业所得税法实施条例》规定:"企业研发费用可以在当期按150%扣除,形成无形资产的,可以按无形资产成本的150%摊销。"对于企业而言,研发费用"加计扣除"构成形成一种特殊的"非债务税盾",而依据之前的理论,这会对企业的债务水平产生影响。

本章选取2008—2010年间778家中小企业板上市公司作为研究样本,研究研发支出形成的"非债务税盾"与资本结构之间的关系,并在此基础上验证MacKie-Mason(1990)的"税收耗损状态"假说。另外,本章还结合我国上市公司特殊的制度背景,检验产权性质对二者间关系的影响。研究结果表明:(1)企业研发支出形成的"非债务税盾"与借款利息形成的"债务税盾"相比,前者平均是后者的1.9倍左右,可见研发支出形成的"非债务税盾"构成企业重要的税盾形式。(2)研发支出强度与企业的实际税率之间存在显著负向关系,表明研发支出降低了企业的实际税率,这构成了研发支出与资本结构"替代效应"的基础。(3)企业研发支出形成的"非债务税盾"与有息债务水平显著负相关,支持DeAngelo和Masulis(1980)的"替代效应"假说,即研发支出增加会降低企业边际税率,进而影响企业进行债务借款的积极性;(4)企业越接近"税收耗损状态",研发支出的增加越有可能降低企业借款的边际税率,进而企业债务水平越低;(5)与国有企业相比,非国有企业对税收更为敏感,税收筹划方面也更为激进,因而在债务决策中更多地考虑税收因素的影响,本章发现研发支出与有息债务水平之间的"替代效应"在非国有企业中更为显著。

本章的研究贡献包括如下几个方面:(1)Modigliani和Miller(1963)提出了债务具有税盾价值,因而企业债务水平应为100%负债,不过Miller(1977)认为利息的个人所得税方面的劣势会降低债务的吸引力。Graham(2000)的检验结果表明即使在考虑个人所得税的情形下,债务仍然具有税盾价值,他的研究表明与最优资本结构相比,企业"负债过低"。本章研究发现企业的研发支出提供的税盾与债务水平负相关,即企业的研发支出作为一种"非债务税盾",降低了债务的税盾价值。研究结论提供了影响资本结构的新因素,同时在一定程度上解释了"负债过低之谜"。(2)MacKie-Mason(1990)认为,当企业接近"税收耗损状态"时,"与投资有关的税盾"更有可能影响债务税盾的价值,进而影响债务比例。基于"税收耗损状态"假说,本章进一步检验了企业接近"税收耗损状态"的概率是否会影响研发支出与资本结构之间的关系,检验结果表明企业越接近"税收耗损状态",有息债务比例越低,研究结论支持了"税收耗损状态"假说,丰富了该领域的学术文献。(3)结合我国的特殊制度背景,我们进一步探究了产权性质是否会影响研发支出与资本结构之间的关系,实证结果表明产权性质是影响"非债务税盾"与资本结构关系的重要因素,研究成果丰富了"本土化"的资本结构理论文献。

第7章 研究结论及未来研究方向

7.1 研究结论及启示

7.1.1 主要研究结论

本书从企业所得税视角,基于"债务税盾"与资本结构关系、"非债务税盾"与资本结构关系的理论文献,实证检验了企业所得税税率、工资税盾以及研发支出形成的"非债务税盾"与资本结构之间的关系,并在此基础上,检验"税收耗损状态"、产权性质等因素对上述关系的影响。

首先,在控制其他因素影响的条件下,通过分析企业所得税改革前后企业资本结构的变化特征,本书研究了产权性质、债务税盾与资本结构的关系。研究发现:

(1)企业所得税改革前,税率降低(高税率)和提高(低税率)两类企业债务水平存在很大差异,税率降低(高税率)企业债务水平明显地高于税率提高(低税率)企业;企业所得税改革后,税率降低企业明显地降低了企业的债务水平,而税率提高企业明显地提高了企业的债务水平,二者的债务水平趋于一致。这一研究结论与资本结构理论预期一致。与此同时,我们还发现在控制"收入效应"和其他因素影响的条件下,企业获得的"与投资有关的税盾"与企业的债务水平变化负相关,支持了"与投资有关的税盾"与"债务税盾"之间的"替代效应"假说。

(2)企业所得税改革中,接近"税收耗损状态"的企业受到税率变化的影响较小,税率降低企业和税率提高企业之间不存在显著的差异。但是伴随着实际税率的提高,企业偏离"税收耗损状态"程度越大,税率变化的影响越显著,因而税率降低企业较税率提高企业而言,其负债比例减少更显著。

（3）税率提高企业中，非国有企业比国有企业增加更多债务（10%左右）；税率降低企业中，非国有企业比国有企业减少更多债务（4%左右）。这一检验结果表明，非国有企业与国有企业相比，在资本结构决策中更多地考虑税收因素，在税收筹划方面更为激进。

其次，本书基于中国特殊的制度背景，研究了企业因计税工资扣除限额政策获得的工资税盾与资本结构水平之间是否负相关，还研究了计税工资扣除限额标准提高是否会引起资本结构水平降低。研究发现：

（1）企业获得的工资税盾与实际税率、有息债务水平负相关，表明工资税盾的增加降低了企业的实际税率，进而降低了债务的税盾价值，使得企业的债务融资需求下降，研究结论支持了"替代效应"假说；企业越接近"税收耗损状态"（MacKie-Mason,1990），工资税盾与有息债务水平的"替代效应"越显著；与国有企业相比，非国有企业获得的工资税盾与有息债务水平之间的负相关关系更为显著，表明非国有企业资本结构决策中更为关注企业所得税因素。

（2）计税工资扣除限额标准提高后，企业降低了债务水平，这一结论支持了"替代效应"假说；进一步研究发现，限额标准提高后，企业主要减少短期有息债务；越接近"税收耗损状态"的企业减少的债务越多，进一步验证了"税收耗损状态"假说；非国有企业较之国有企业对税收更为敏感，在限额标准提高后降低更多的债务，表明产权性质会通过税收因素进而影响资本结构。

最后，本书以中小企业板上市公司作为研究样本，研究研发支出形成的"非债务税盾"与资本结构之间的关系，研究发现：

（1）企业研发费用形成的"非债务税盾"与借款利息形成的"债务税盾"相比，前者平均是后者的1.9倍左右，可见研发支出形成的"非债务税盾"构成企业重要的税盾形式。研发支出强度与企业的实际税率之间存在显著负相关关系，表明研发支出降低了企业的实际税率，这构成了研发支出与资本结构"替代效应"的检验基础。在此基础上，本书发现企业研发支出形成的"非债务税盾"与有息债务水平显著负相关，支持了DeAngelo和Masulis（1980）的"替代效应"假说，即研发支出增加会降低企业边际税率，进而影响债务借款的积极性。

（2）企业越接近"税收耗损状态"，研发支出增加越有可能降低企业借款的边际税率，进而使得企业债务水平下降，支持"税收耗损状态"假说

（MacKie-Mason，1990）；

（3）与国有企业相比，非国有企业对税收更为敏感，税收筹划方面也更为激进，因而在债务决策中更多地考虑税收因素的影响，本书发现研发支出与债务水平之间的"替代效应"在非国有企业中更为显著。

7.1.2 几点启示

本书的检验结果可以提供如下几点启示：

（1）如Modigliani和Miller（1963）加入企业所得税的资本结构理论模型所示，企业价值的确会受到债务的税盾价值的影响，因而价值最大化下的债务比例与企业所得税相关。该问题在之前西方的学术文献中已得到验证，但基于我国资本市场的实证检验还比较缺乏相关经验证据的支持。本书的检验结果不仅验证了相关理论在中国的适用性，而且由于该理论是企业所得税税率、资本结构以及企业价值等所有相关理论的基础，因而该结论的验证为税收视角下其他资本结构理论的实证检验提供了基础。

（2）Graham和Leary（2011）在分析传统资本结构模型解释力的时候发现，传统资本结构模型对于资本结构的解释力还比较低，他们认为解释力较低的一个重要原因是资本结构模型中变量的测量误差问题，而其中"非债务税盾"的计量问题尤为突出。本书的检验结果发现，工资税盾、研发支出形成的"非债务税盾"等与债务水平显著相关，而且在加入相关变量后，资本结构模型的解释力显著提高。该结果反过来说明，对于"非债务税盾"等变量的计量误差会导致资本结构模型的解释力下降，因此学者们应不断探索降低变量计量误差的方法，以期逐渐提高资本结构模型的解释力。

（3）本书首先隶属于自Modigliani和Miller（1958）以来尝试从税收视角解释资本结构的一脉文献，此类研究强调的首要观点是债务的"税盾效应"。对于企业融资管理而言，它要求管理层要重视债务的税盾价值，要结合企业面临的税收状态、享受的税收优惠以及所处的行业特征等，科学合理地安排资本结构，充分利用债务的税盾价值。针对中国企业投融资运作与管理的调查研究显示，本应作为债务融资重要考虑因素的债务"税盾效应"，中国企业管理层对其却十分忽视，这不仅与经典财务理论不太一致，而且与西方成熟市场企业的管理实践亦有差异。当然，这背后可能的原因包括：一方面，中国上市公司过去享受着各种区域性、行业性的企业所得税优惠政策，而这些税收优惠的存在降低了债务融资的税盾价值,尤其在企业长期面临低税率状态时,企业管理层更容易忽略债务的"税盾效应";另一方面,债务市场资源配置功能的发挥面临着诸多障碍,如"预算软约束"等,这在一定程度上也会扭曲企业融资决策的利益函数,客观上也会降低企业管理者在资本结构决策过程中对税收收益等经济因素的关注。但是,伴随着税收优惠政策和债务市场的逐渐规范化和市场化,可以预见,债务融资的"税盾效应"将越来越凸显,而企业的融资管理也应更加重视债务的"税盾效应"。

(4)本书还验证了经典的"替代效应"假说:非债务税盾的多寡会影响企业的税收状态(非债务税盾越多,企业接近税收耗损状态的概率越高),进而影响债务的税盾价值这样一个经典的"替代效应"假说。该发现意味着企业管理层在资本结构融资管理决策中,在考虑和估算债务的税盾价值时,需要结合非债务税盾水平及其变化等因素对企业的税收状态(净运营亏损、税收耗损概率、边际税率等)进行综合和合理的估计。例如,在对企业未来期间的收入水平估计的基础上,结合非债务税盾水平及其可能的变化,对债务利息抵税的可能性和大小程度等进行预测,进而相对准确地推断出债务税盾价值的期望值,从而更为有效地指导企业的最优资本结构决策。

(5)本书实证检验了产权性质对企业所得税与资本结构关系的影响,研究发现国有企业与非国有企业在企业所得税与资本结构关系方面存在显著差异。该研究发现进一步表明,制度是资本结构的重要影响因素(Myers,2003;唐国正和刘力,2006),可见,西方资本结构理论不能生搬硬套、简单地"出口"到别的国家,尤其是经济转型国家和发展中国家。即使是同一个国家,不同类型企业适用的资本结构理论也可能不同。当然,理论研究不能仅仅停留在表面,还需要进一步探究差异背后的深层次原因(如企业价值函数、管理层激励契约等),从而不仅能为发展本土化的资本结构理论做出贡献,而且对于政府的政策制定以及企业资本结构的管理实践也具有重要的参考价值。

7.2 研究局限性及未来研究方向

(1)囿于我国上市公司股权结构的复杂性和税收制度的特殊性,在判定上市公司的法定税率变化时,往往需要综合考虑合并报表包含的母公司和子公司的税率情况,并分别判断税法改革前后税率变化方向,这个过程是比较复杂和麻烦的,但更为令人棘手和烦恼的是,大量的上市公司的税率变化会由于母公司与子公司之间、子公司与子公司之间税率变化方向的不同而难以确定,其结果是,本书在研究税率变化、债务税盾与资本结构关系时所使用的样本略显不足。后续学者们进行研究时,可以通过中国工业企业数据库以及调研数据库等获取单个企业税改中的税率变化情况,从而获取更大的研究样本研究该问题。

(2)本书在第5章和第6章研究"非债务税盾"与资本结构关系之前,都先检验了企业"非债务税盾"与实际税率的关系(未提研究假设,只作为额外分析),实际税率与"非债务税盾"之间的关系往往是内生决定的,因此该检验结果的可靠性相对不足。后续学者们进行研究时,可以借鉴Graham(1996)的方法,通过模拟数据测度企业借款抵税后的"真实"的边际税率。需要说明的是,我国税法与美国税法存在较大差异:我国税法规定公司亏损只能"向后结转",而美国税法规定还可以"向前结转",由于我国税法相对简单,因而在一定程度上降低了边际税率计算的必要性。另外,值得注意的是,我国上市公司的股权结构较为复杂,上市公司往往包含很多子公司,由于不同公司之间独立纳税,因而客观上也增加了计算有效边际税率的难度和复杂性。

(3)本书基于本土化的制度背景,仅考察产权性质对税收与资本结构之间关系的影响,并未考察其他制度因素的影响,当然这也构成后续学者未来研究的方向。中国正处于由计划经济向市场经济的过渡阶段,我国各地区的市场化进程不平衡,法律环境、治理环境以及政府监管都存在较大的差异,客观上构成上市公司外部治理环境的不同。另外,中国大部分上市公司具有金字塔结构(Fan等,2007),而金字塔结构可能会形成内部人掏空、抽租等动机,这些因素也会带来企业治理效率的差异。后续学者可以从外部治理环境、金字塔结构等视角深入地研究税收与资本结构领域的相关话题。

参 考 文 献

- 安同良,施浩,Alcorta Ludovico,2006.中国制造业企业R&D行为模式的观测与实证:基于江苏省制造业企业问卷调查的实证分析[J].经济研究,41(2):21-30.
- 陈超,饶育蕾,2003.中国上市公司资本结构、企业特征与绩效[J].管理工程学报,17(1):70-74.
- 程宏伟,张永海,常勇,2006.公司R&D投入与业绩相关性的实证研究[J].科学管理研究,24(3):110-113.
- 程小可,孙健,姚立杰,2010.科技开发支出的价值相关性研究:基于中国上市公司的经验证据[J].中国软科学(6):141-150.
- 戴园晨,陈彦玲,1990.对企业改革困境的思考[J].管理世界(2):130-137.
- 戴园晨,黎汉明,1988.工资侵蚀利润:中国经济体制改革中的潜在危险[J].经济研究,23(6):3-11.
- 刁伍钧,扈文秀,廖剑,2009.黑色金属行业上市公司资本结构的影响因素研究[J].管理评论,21(3):26-34.
- 方军雄,2007.所有制、制度环境与信贷资金配置[J].经济研究,42(12):82-92.
- 盖地,胡国强,2012.税收规避与财务报告成本的权衡研究:来自中国2008年所得税改革的证据[J].会计研究(3):20-25.
- 达摩达尔·N.古扎拉蒂,唐·C.波特,2004.计量经济学基础[M].4版.费剑平,孙春霞,等译.北京:中国人民大学出版社.
- 郭鹏飞,孙培源,2003.资本结构的行业特征:基于中国上市公司的实证研究[J].经济研究,38(5):66-73.

- 管征,范从来,2006.信息不对称与上市公司股权再融资偏好[J].金融理论与实践(4):3-6.
- 何浚,1998.上市公司治理结构的实证分析[J].经济研究(5):50-57.
- 何平,2009.我国上市公司资本结构对公司业绩影响的实证检验[J].财政研究(4):73-75.
- 胡国柳,裘益政,黄景贵,2006.股权结构与企业资本支出决策:理论与实证分析[J].管理世界(1):137-144.
- 胡怡建,1992.谈谈外商投资企业和外国企业所得税法及其特点[J].外国经济与管理,14(2):9-11.
- 胡跃红,郑震,2005.我国上市公司资本结构影响因素的实证分析[J].统计与决策(4下):103-105.
- 胡志强,卓琳玲,2008.IPO市场时机选择与资本结构关系研究:基于中国上市公司面板数据的实证研究[J].金融研究(10):136-149.
- 杰弗里·M.伍德里奇,2010.计量经济学导论[M].4版.费剑平,译.北京:中国人民大学出版社.
- 李丹蒙,夏立军,2008.股权性质、制度环境与上市公司R&D强度[J].财经研究,34(4):93-104.
- 李延喜,张波涛,包世泽,等,2008.所得税优惠与中国上市公司的财务保守行为[J].管理科学,21(3):104-115.
- 李殷,2006.关于我国内外资企业所得税"两税合一"的思考[J].企业经济,25(10):163-165.
- 李增福,顾研,连玉君,2012.税率变动、破产成本与资本结构非对称调整[J].金融研究(5):136-150.
- 刘志彪,姜付秀,卢二坡,2003.资本结构与产品市场竞争强度[J].经济研究,38(7):60-67.
- 吕长江,韩慧博,2001.上市公司资本结构特点的实证分析[J].南开管理评论,4(5):26-29.
- 陆正飞,辛宇,1998.上市公司资本结构主要影响因素之实证研究[J].会计研究(8):34-37.
- 陆正飞,叶康涛,2004.中国上市公司股权融资偏好解析:偏好股权融资就是缘于融资成本低吗?[J].经济研究,39(4):50-59.

- 毛三元,1994.关于私营经济的几个理论问题[J].长江论坛(5):51-53.
- 闵丹,韩立岩,2008.市场结构、行业周期与资本结构:基于战略公司财务理论的分析[J].管理世界(2):82-89.
- 潘敏,郭厦,2009.资本结构动态权衡理论述评[J].经济学动态(3):126-131.
- 彭程,刘星,2007.负债融资与企业投资决策的互动关系:税收因素视角的实证研究[J].经济科学(4):58-69.
- 钱颖一,1995.企业的治理结构改革和融资结构改革[J].经济研究,30(1):20-29.
- 青木昌彦,钱颖一,1995.转轨经济中的公司治理结构:内部人控制和银行的作用[M].北京:中国经济出版社.
- 师萍,郭杰,2010.科技税收优惠与纳税筹划[M].北京:科学出版社.
- 孙铮,刘凤委,李增泉,2005.市场化程度、政府干预与企业债务期限结构:来自我国上市公司的经验证据[J].经济研究(5):52-63.
- 唐国正,刘力,2006.公司资本结构理论:回顾与展望[J].管理世界(5):158-169.
- 王丙乾,1983.一定把国营企业利改税工作搞好[J].财政(5):1-3.
- 王延明,2002.上市公司所得税率变化的敏感性分析[J].经济研究,37(9):74-80.
- 王正位,朱武祥,赵冬青,2007.发行管制条件下的股权再融资市场时机行为及其对资本结构的影响[J].南开管理评论,10(6):40-46.
- 翁礼华,2009.大道之行:中国财政史[M].北京:经济科学出版社.
- 吴联生,2009.国有股权、税收优惠与公司税负[J].经济研究,44(10):109-120.
- 吴联生,李辰,2007."先征后返"、公司税负与税收政策的有效性[J].中国社会科学(4):61-73.
- 吴联生,岳衡,2006.税率调整和资本结构变动:基于我国取消"先征后返"所得税优惠政策的研究[J].管理世界(11):111-119.
- 吴文锋,吴冲锋,芮萌,2009.中国上市公司高管的政府背景与税收优惠[J].管理世界(3):134-142.
- 吴秀茹,1995.对计税工资问题的几点思考[J].中国劳动科学(11):32-33.

- 向朝进,谢明,2003.我国上市公司绩效与公司治理结构关系的实证分析[J].管理世界(5):117-124.
- 晓阳,1987.集体企业所得税[J].经济工作通讯(20):40.
- 肖泽忠,邹宏,2008.中国上市公司资本结构的影响因素和股权融资偏好[J].经济研究,43(6):119-134.
- 肖作平,廖理,2007.大股东、债权人保护和公司债务期限结构选择:来自中国上市公司的经验证据[J].管理世界(10):99-113.
- 谢旭人,2009.中国财政60年[M].北京:经济科学出版社.
- 徐海波,1992.工资增长形势的估价与分析[J].经济研究,27(3):44-45.
- 徐晓东,陈小悦,2003.第一大股东对公司治理、企业业绩的影响分析[J].经济研究,38(2):64-74.
- 许玉生,1994.企业所得税制改革述评[J].福建税务(2):10-12.
- 亚当·斯密,2009.国民财富的性质和原因的研究[M].郭大力,王亚南,译.北京:商务印书馆.
- 姚潇瀛,林金成,姚明,1990.关于制定统一的外商投资企业所得税法的建议[J].当代法学,4(2):29-32.
- 朱宝宪,王怡凯,2002.1998年中国上市公司并购实践的效应分析[J].经济研究(11):20-26,92.
- 赵蒲,孙爱英,2003.产业竞争、非理性行为、公司治理与最优资本结构:现代资本结构理论发展趋势及理论前沿综述[J].经济研究(6):81-90.
- 赵霄汉,计红,伏虎,2007.对内外资企业所得税合并实行的思考[J].财会研究(6):16-17.
- 郑红霞,韩梅芳,2008.基于不同股权结构的上市公司税收筹划行为研究:来自中国国有上市公司和民营上市公司的经验证据[J].中国软科学(9):122-131.

- Adhikari A, Derashid C, Zhang H, 2006. Public policy, political connections, and effective tax rates: Longitudinal evidence from Malaysia[J].Journal of Accounting and Public Policy,25(2):574-595.
- Aier J K, Moore J A, 2008. The impact of tax status on the relation between employee stock options and debt[J]. Journal of the American Taxation Associ-

ation,30(1):55-75
- Altman E I,1968. Financial ratios, discriminant analysis and the prediction of corporate bankruptcy[J]. The Journal of Finance,23(4):589-609.
- Arrow K J,1962. The economic implications of learning by doing[J]. The Review of Economic Studies,29(3):155.
- Austin J R, Gaver J J, Gaver K M, 1998. The choice of incentive stock options vs nonqualified options: A marginal tax rate perspective[J]. Journal of the American Taxation Association, 20(2):1-21.
- Ayres F L, 1987.An empirical assessment of the effects of the investment tax credit legislation on returns to equity securities[J]. Journal of Accounting and Public Policy, 6(2):115-137.
- Bae K H, Kang J K, Wang J, 2011. Employee treatment and firm leverage: A test of the stakeholder theory of capital structure[J]. Journal of Financial Economics, 100(1):130-153.,
- Baker M, Wurgler J, 2002.Market timing and capital structure[J]. The Journal of Finance,57(1):1-32.
- Banerjee S, Dasgupta S, Kim Y, 2008. Buyer-supplier relationships and the stakeholder theory of capital structure[J]. The Journal of Finance, 63(5): 2507-2552.
- Baxter N D, 1967.Leverage, risk of ruin and the cost of capital[J]. The Journal of Finance,22(3):395-403.
- Berger P G, Ofek E, Yermack D L, 1997.Managerial entrenchment and capital structure decisions[J]. The Journal of Finance,52(4):1411-1438.
- Boquist J A, Moore W T, 1984. Inter-industry leverage differences and the DeAngelo-masulis tax shield hypothesis[J]. Financial Management,13(1):5.
- Bradley M, Jarrell G A, Kim E H, 1984. On the existence of an optimal capital structure: Theory and evidence[J]. The Journal of Finance,39(3):857-878.
- Brander J A, Lewis T R, 1986.Oligopoly and financial structure: The limited liability effect[M].Cambridge: Cambridge University Press.
- Brander J A,Lewis T R,1988. Bankruptcy costs and the theory of oligopoly[J]. The Canadian Journal of Economics,21(2):221.

- Bryan C C, Pratt J, Stock T, 1996. The use of financial accounting choice to support aggressive tax positions: Public and private firms[J]. Journal of Accounting Research, 34(1): 23-43.
- Carlson S J, Bathala C T, 1992. Impact of the repeal of the investment tax credit on firms' investment decisions[J]. Journal of Applied Business Research, 10(2): 33.
- Chen S P, Chen X, Cheng Q, et al, 2010. Are family firms more tax aggressive than non-family firms? [J]. Journal of Financial Economics, 95(1): 41-61.
- Dammon R M, Senbet L W, 1988. The effect of taxes and depreciation on corporate investment and financial leverage[J]. The Journal of Finance, 43(2): 357-373.
- DeAngelo H, DeAngelo L, Whited T M, 2011. Capital structure dynamics and transitory debt[J]. Journal of Financial Economics, 99(2): 235-261.
- DeAngelo H, Masulis R W, 1980. Optimal capital structure under corporate and personal taxation[J]. Journal of Financial Economics, 8(1): 3-29.
- Derashid C, Zhang H, 2003. Effective tax rates and the "industrial policy" hypothesis: Evidence from Malaysia[J]. Journal of International Accounting, Auditing and Taxation, 12(1): 45-62.
- Desai M A, Dharmapala D, 2006. Corporate tax avoidance and high-powered incentives[J]. Journal of Financial Economics, 79(1): 145-179.
- Desai M A, Foley C F, Hines J R, 2004. A multinational perspective on capital structure choice and internal capital markets[J]. The Journal of Finance, 59(6): 2451-2487.
- Dhaliwal D, Trezevant R, Wang S W, 1992. Taxes, investment-related tax shields and capital structure[J]. Journal of the American Taxation Association, 14(1): 1-21.
- Diamond D W, 1989. Reputation acquisition in debt markets[J]. Journal of Political Economy, 97(4): 828-862.
- Dotan A, Ravid S A, 1985. On the interaction of real and financial decisions of the firm under uncertainty[J]. The Journal of Finance, 40(2): 501-517.
- Durand D, 1952. Costs of debt and equity funds for business: Trends and prob-

- lems of measurement[M]// Universities-National Bureau. Conference on Research in Business Finance.Boston: NBER.
- Dyreng S D, Hanlon M, Maydew E L, 2008. Long-run corporate tax avoidance [J]. The Accounting Review, 83(1): 61-82.
- Elnaggar, A. O, 1996. Tax Reform Act of 1986 Effect on Corporate Capital Structure[D]. Kentucty: University of Kentucty.
- Fama E F, French K R, 2005. Financing decisions: Who issues stock? [J]. Journal of Financial Economics, 76(3): 549-582.
- Fan J P H, Wong T J, Zhang T, 2007. Organizational structure as a decentralization device: Evidence from corporate Pyramids[J]. SSRN Electronic Journal.
- Fischer E O, Heinkel R, Zechner J, 1989. Dynamic capital structure choice: Theory andtests[J]. The Journal of Finance, 44(1): 19-40.
- Frank M Z, Goyal V K, 2003.Testing the pecking order theory of capital structure[J]. Journal of Financial Economics, 67(2): 217-248.
- Friend I, Lang L H P, 1988. An empirical test of the impact of managerial self-interest on corporate capital structure[J]. Journal of Finance, 43(2): 271-281.
- Givoly D, Hayn C, Ofer A R, et al, 1992. Taxes and capital structure: Evidence from firms' response to the tax reform act of 1986[J]. Review of Financial Studies, 5(2): 331-355.
- Gordon R H, MacKie-Mason J K, 1990. Effects of the tax reform act of 1986 on corporate financial policy and organizational form[R]. National Bureau of Economic Research.
- Graham J R, 1996a. Debt and the marginal tax rate[J]. Journal of Financial Economics, 41(1): 41-73.
- Graham J R, 1996b.Proxies for the corporate marginal tax rate[J]. Journal of Financial Economics, 42(2): 187-221.
- Graham J R, 2000. How big are the tax benefits of debt[J]. Journal of Finance, 55(5): 1901-1941.
- Graham J R, Harvey C R, 2001. The theory and practice of corporate finance: Evidence from the field[J]. Journal of Financial Economics, 60(2/3): 187-243.

- Graham J R, Tucker A L, 2006. Tax shelters and corporate debt policy[J]. Journal of Financial Economics, 81(3): 563-594.
- Graham J R, Lang M H, Shackelford D A, 2004. Employee stock options, corporate taxes, and debt policy[J]. The Journal of Finance, 59(4): 1585-1618.
- Graham J R, Leary M T, 2011. A review of empirical capital structure research and directions for the future[J]. Annual Review of Financial Economics, 3(1): 309-345
- Graham J R, Lemmon M L, Schallheim J S, 1998.Debt, leases, taxes, and the endogeneity of corporate tax status[J]. The Journal of Finance, 53(1): 131-162.
- Guenther D A, 1994.Earnings management in response to corporate-tax rate changes: Evidence from the 1986 Tax-Reform Act[J].The Accounting Review, 69(1): 230-243.
- Gupta S, Newberry K, 1997. Determinants of the variability in corporate effective tax rates: Evidence from longitudinal data[J]. Journal of Accounting and Public Policy, 16(1): 1-34.
- Hanlon M, Shevlin T, 2002.Accounting for tax benefits of employee stock options and implications for research[J]. Accounting Horizons, 16(1): 1-16.
- Harris M, Raviv A, 1988. Corporate control contests and capital structure[J]. Journal of Financial Economics(20): 55-86.
- Harris M, Raviv A, 1991. The theory of capital structure[J]. The Journal of Finance, 46(1): 297-355.
- Helwege J, Liang N, 1996. Is there a pecking order? Evidence from a panel of IPO firms[J]. Journal of Financial Economics, 40(3): 429-458.
- Hennessy C A, Whited T M, 2005. Debt dynamics[J]. The Journal of Finance, 60(3): 1129-1165.
- Hodder J E, Senbet L W, 1990. International capital structure equilibrium[J]. The Journal of Finance, 45(5): 1495-1516.
- Holland D M, Myers S C, 1977. Trends in corporate profitability and capital cost[R]. Working Paper, MIT.
- Huang G H, Song F M, 2006.The determinants of capital structure: Evidence

from China[J]. China Economic Review, 17(1): 14-36.
- Huddart S, 1998. Tax planning and the exercise of employee stock options[J]. Contemporary Accounting Research, 15(2): 203-216.
- Huizinga H, Laeven L, Nicodeme G, 2008. Capital structure and international debt shifting[J]. Journal of Financial Economic, 88(1): 80-118.
- Jensen M C, Meckling W H, 1976. Theory of the firm: Managerial behavior, agency costs and ownership structure[J]. Journal of Financial Economics, 3(4): 305-360.
- Jensen M C. Agency costs of free cash flow, corporate finance, and takeovers[M]//Bhandari J S, Weiss L A. Corporate Bankruptcy: Economic and legal perspectives. New York: Cambridge University Press.
- Jones C I, Williams J C, 1998. Measuring the social return to R&D[J]. The Quarterly Journal of Economics, 113(4): 1119-1135.
- Kahle K M, Shastri K, 2005. Firm performance, capital structure, and the tax benefits of employee stock options[J]. Journal of Financial and Quantitative Analysis, 40(1): 135-160.
- Kane A, Marcus A J, McDonald R L, 1984. How big is the tax advantage to debt?[J]. The Journal of Finance, 39(3): 841-853.
- Korajczyk R A, Levy A, 2003. Capital structure choice: Macroeconomic conditions and financial constraints[J]. Journal of Financial Economics, 68(1): 75-109.
- Kovenock D, Phillips G O, 1995. Capital structure and product-market rivalry: How do we reconcile theory and evidence?[J] The American Economic Review, 85(2): 403-408.
- La Porta R, Lopez-De-silanes F, Shleifer A, et al, 1998. Law and finance[J]. Journal of Political Economy, 106(6): 1113-1155.
- Leary M T, Roberts M R, 2010. The pecking order, debt capacity, and information asymmetry[J]. Journal of Financial Economics, 95(3): 332-355.
- Leland H E, Pyle D H, 1977. Informational asymmetries, financial structure, and financial intermediation[J]. The Journal of Finance, 32(2): 371.
- Liu X, Cao S J, 2007. Determinants of corporate effective tax rates: Evidence

from listed companies in China[J]. The Chinese Economy, 40(6): 49-67.
- Lyandres E, 2006. Capital structure and interaction among firms in output markets: Theory and evidence[J]. The Journal of Business, 79(5): 2381-2421.
- MacKie-Mason J K, 1990. Do taxes affect corporate financing decisions[J]. Journal of Finance, 45(5): 1471-1493.
- Maksimovic V. Capital structure in repeated oligopolies[J]. The RAND Journal of Economics, 19(3): 389.
- Maydew E L, 1997.Tax-induced earnings management by firms with net operating losses[J]. Journal of Accounting Research, 5(1): 83-96.
- Miles J A, Ezzell J R, 1985. Reformulating tax shield valuation: A note[J]. Journal of Finance, 40(5): 1485-1492.
- Miller M H, 1977. Debt and taxes[J]. The Journal of Finance, 32(2): 261-275.
- Mills L F, Newberry K J, 2001. The influence of tax and nontax costs on book-tax reporting differences: Public and private firms[J]. Journal of The American Taxation Association, 23(1): 1-19.
- Modigliani F F, Miller M H, 1958. The cost of capital, corporation finance, and the theory of investment[J].American Economic Review, 55(3): 262-297.
- Modigliani F F, Miller M H, 1963. Corporate income taxes and the cost of capital[J]. American Economic Review, 53(3): 433-443.
- Mohanty S K, 1994. Tax reform act of 1986 and corporate capital structure[J]. Financial Management, 23(1): 12.
- Myers S C, 1977. Determinants of corporate borrowing[J]. Journal of Financial Economics, 5(2): 147-175.
- Myers S C, 1984. The capital structure puzzle[J]. The Journal of Finance, 39(3): 574-592.
- Myers S C, 2003. Financing of Corporations[M]// Constantinides G M, Harris M, Stulzeds R M. Handbook of the Economics of Finance: Corporate Finance. North Holland: Elsevier.
- Myers S C, Majluf N S, 1984. Corporate financing and investment decisions

- when firms have information that investors do not have[J]. Journal of Financial Economics,13(2):187-221.
- Pilotte W J, Gable R K, 1990. The impact of positive and negative item stems on the validity of a computer anxiety scale[J]. Educational and Psychological Measurement,50(3):603-610.
- Porcano T M, 1986. Corporate tax rates: Progressive, proportional, or regressive[J]. Journal of the American Taxation Association,7(2):17.
- Qian Y Y, Roland G, Xu C G, 1999.Why is China different from Eastern Europe? Perspectives from organization theory[J]. European Economic Review,43(4):1085-1094.
- Rajan R G, Zingales L, 1995. What do we know about capital structure? some evidence from international data[J]. The Journal of Finance, 50(5): 1421-1460.
- Richardson G, Lanis R, 2007. Determinants of the variability in corporate effective tax rates and tax reform: Evidence from Australia[J]. Journal of Accounting and Public Policy,26(6):689-704.
- Ross S A, 1977. The determination of financial structure: The incentive-signalling approach[J]. The Bell Journal of Economics,8(1):23-40.
- Scholes M, Wolfson M, Erickson M, et al, 2005.Taxes and business strategy: A planning approach, third ed. Pearson Prentice Hall, Upper Saddle River, NJ.
- Schwartz E, Aronson J R, 1967. Some surrogate evidence in support of the concept of optimal financial structure[J]. The Journal of Finance,22(1):10.
- Scott D F, Martin J D, 1975.Industry influence on financial structure[J]. Financial Management,4(1):67.
- Scott J H, 1976.A theory of optimal capital structure[J]. The Bell Journal of Economics,7(1):33-54.
- Sener T, 1989. An empirical Ttest of the DeAngelo-Masulis tax shield and tax rate hypotheses with industry and inflation effects[J].Mid-Atlantic Journal of Business,9(2):23-39.
- Shackelford D A. Shevlin T, 2001. Empirical tax research in accounting[J]. Journal of Accounting and Economics,31(1/2/3):321-387.

- Shehata M, 1991.Self-selection bias and the economic consequences of acounting regulation: An application of two-stage switching regression to SFAS No.2 [J].The Accounting Review,66(4): 768-787.
- Shevlin T, 1987. Taxes and off-balance sheet financing : research and development limited partnerships[J].The Accounting Review,62(3): 480-509.
- Shivdasani A, Stefanescu I, 2010. How do pensions affect corporate capital structure decisions? [J]. Review of Financial Studies,23(3): 1287-1323.
- Shleifer A, Vishny R, 1998.The crabbing hand: government pathologies and their cures[M].Cambridge : Harvard University Press.
- Shyam-Sunder L, Myers S, 1999. Testing static trade-off against pecking order models of capital structure[J].Journal of Financial Economics(51): 219-244.
- Spiller P T, 1990.Politicians, interest groups, and regulators: A multiple-principals agency theory of regulation, or "let them be bribed" [J]. The Journal of Law and Economics,33(1): 65-101.
- Stulz, Rene M, 1988.Managerial control of voting rights: Financing policies and the market for corporate control[J]. Journal of Financial Economic (20): 25-54.
- Terando W D, Omer T C, 1993.Corporate characteristics associated with master limited prtnership formation[J]. Journal of the American Taxation Association,15(1): 23-45.
- Titman S, 1984. The effect of capital structure on a firm's liquidation decision [J]. Journal of Financial Economics,13(1): 137-151.
- Titman S, 2002. The Modigliani and miller theorem and the integration of financial markets[J]. Financial Management,31(1): 101.
- Titman S, Wessels R, 1988. The determinants of capital structure choice[J]. The Journal of Finance,43(1): 1-19.
- Trezevant R, 1992.Debt financing and tax status: Tests of the substitution effect and the tax exhaustion hypothesis using firms' responses to the economic recovery tax act of 1981[J]. The Journal of Finance,47(4): 1557-1568.
- White H, 1980.A heteroskedasticity-consistent covariance matrix estimator and a direct test for heteroskedasticity[J]. Econometrica,48(4): 817.

- Wu L S, Yue H, 2009.Corporate tax, capital structure, and the accessibility of bank loans: Evidence from China[J]. Journal of Banking & Finance, 33(1): 30-38.
- Zhang A M, Zhang Y M, Zhao R, 2003.A study of the R&D efficiency and productivity of Chinese firms[J]. Journal of Comparative Economics, 31(3): 444-464.
- Zimmerman J L, 1983.Taxes and firm size[J]. Journal of Accounting and Economics(5): 119-149.
- Zwick B, 1977.The market for corporate bonds[J].Federal Reserve Bank of New York Quarterly(2): 27-36.